AF145135

Christiane W. Geelhaar

# Wer bist du Ich? Was Lebenssinn?
*Botschaften innerer Weisheit*

Bibliografische Information der Deutschen Nationalbibliothek:
Die Deutsche Nationalbibliothek verzeichnet diese Publikation in
der Deutschen Nationalbibliografie; detaillierte bibliografische
Daten sind im Internet über http://dnb.dnb.de abrufbar.

© 2014 Christiane W. Geelhaar

Cover: Christiane W. Geelhaar

Herstellung und Verlag:
BoD – Books on Demand, Norderstedt
ISBN: 978-3-7322-8855-7

# Inhaltsverzeichnis

## *Vorwort*

Ich beschäftige mich schon sehr lange mit Fragen der Art: Wo wir herkommen, wenn wir geboren werden. Wo wir hingehen, wenn wir sterben. Warum wir da sind. Und wozu überhaupt? Auf dem Planeten, den wir Erde nennen.

Meine Suche nach Antworten begann mit der Weltsicht der Wissenschaft als Ingenieurin. Ich setzte sie fort in den Natur- und den Geisteswissenschaften, beschäftigte mich intensiv mit Gesundheit, Glaube und Gesellschaft. Irgendwann gestaltete sich die Suche weniger wissenschaftlich, dafür tiefsinniger forschend, freier philosophisch, spiritueller. Warum? Ganz einfach deshalb, weil meine persönlichen Erfahrungen die Grenzen des wissenschaftlich Erklärbaren immer wieder und immer deutlicher überschritten. Und die Unzufriedenheit damit meinen Erkenntnisdrang noch mehr beschleunigte.

Im Jahr 2008 wurde mir beim Meditieren bewusst, dass tiefe Meditation kein aktiver Prozess in Zeit und Raum ist. Und dass ich Antworten auf meine Fragen ebenso wenig aktiv würde finden können. Nicht im Lehrbuchwissen unserer Zeit. Wenn überhaupt, dann erschließen sie sich aus stiller Hingabe im Moment, aus klarem, absichtslosem Sein. In einem Augenblick dieser Qualität, es war am 23. Juli, spürte ich den Impuls, einfach loszuschreiben, meinen vor mir stehenden Laptop aufzuklappen und einfach loszuschreiben. Ich habe keine Sekunde darüber nachgedacht, was ich schreiben würde. Erst als der Rechner schon lief, fragte ich mich etwas verwirrt, was da gerade passiert. Was mich dazu treibt, das so „gedankenlos" zu tun. Ich? Oder wer? Oder was?

Die Antwort kam sinngemäß wie folgt: „Alatee. Du kannst mich Alatee nennen. Wenn du willst, werde ich mit dir arbeiten. An „Wer bist du?".
Es war keine Stimme, die ich hörte. Die Sätze hatte ich unmittelbar in mir. So klar, dass ich nichts weiter fragte. Mit jedem Wort, das ich dann frei kommen ließ, wurde mein Verstand wieder ruhiger, die Sätze schneller. Etwas später war der erste Text durch meine Finger und die Tastatur aus mir herausgeflossen. So ging es an vielen Tagen Text für Text weiter. Bis mich „Alatee" deutlicher über seine/ihre Identität aufklärte. Auch das findet sich im Geschriebenen. Ich möchte davon nicht mehr vorwegnehmen.

Für mich enthalten die insgesamt 37 Texte viel Hilfreiches, bezogen auf die menschliche Frage nach dem Lebenssinn. Trotzdem hat es fast fünf Jahre gedauert, bis ich den Mut fand, zu dem zu stehen, was mir damals „einfach so" passiert ist. In dieses Buch und Kapitelform gebracht, werden die Texte zugänglich für alle, die sie lesen möchten. Als Botschaften innerer Weisheit, wie ich sie inzwischen gerne nenne.

*Mit Dank und Vertrauen*
*Christiane W. Geelhaar*

# Jenseits des Verstandes

*23. Juli 2008*

Wer bist du? (...) „Wer bist du?" ist eine Frage. Und eine Antwort. Eine weiter fragende Antwort auf die Frage nach dem Sinn des Lebens. (...) Denk jetzt nicht nach. Wenn du jetzt denkst, verpasst du das Wesentliche und wir müssen stoppen.

(...) Gut. Was ist der Sinn des Lebens? So merkwürdig es klingen mag. „Sinn des Lebens" ist zunächst einmal Unsinn.

Es lässt sich schwer erklären, warum die Menschheit existiert. Menschen sind blind. Sie könnten sehen, wenn sie es wollten. Aber die meisten von ihnen wollen es nicht. Warum haben so viele Menschen Angst vor dem Sterben, Angst vor dem Tod? Weil sie nicht sehen, wie es danach weitergeht. Dabei gibt es kein danach. Und auch kein davor. Nicht einmal ein dazwischen. Zeitlich betrachtet.

Menschen sind. Punkt. Sonst nichts. Tiere sind auch. Punkt. Sonst nichts. Pflanzen sind. Punkt. Sonst nichts. Diese Reihe ließe sich beliebig fortsetzen. Wohin führt sie? Ins Nichts. Das alles ist. So einfach ist das. Und doch. Für Menschen so schwierig zu verstehen. Weil sie den Verstand benutzen. Ohne Verstand wäre vieles leichter. „Alles" wäre leichter.

Willst du hier aussteigen? Hier würden Viele aussteigen wollen. Worte, Sätze von einem, einer Verrückten. Wahnwitz. Unsinn…

Da ist es wieder! Dieses Wort. Unsinn. Sinnlos. - Was hat Sinn? Was macht Sinn? Ich weiß es. Du weißt es. Ihr wisst es. Jeder weiß es. Wenn er oder sie den Verstand beiseite lässt. Es ist so einfach. Und doch kompliziert, weil ihr kompliziert denken wollt.

Wer bin ich? Wer bist du? Wer ist er, sie, es? ich bin. Du. Er. Sie. Es. Nicht mehr. Nicht weniger. Wie vermittelt sich eine Botschaft über den Verstand, wenn sie doch am Verstand vorbei übermittelt werden muss? Der Verstand steht der Botschaft im Weg und doch wirkt er als Katalysator, als Medium, als Übersetzungsprogramm. Wie mag man das nennen?

Damit fällt das Augenmerk auf die Sprache. Was ist Sprache? Eine Krücke. Eine Kommunikationskrücke. Nicht mehr. Nicht weniger. Sehr wenig. Und doch viel. Mittler zwischen Welten und Kulturen. In gewisser Hinsicht und zunehmend sogar Mittler zwischen den Welten. Meine Welt. Deine Welt. Was ist Welt? Welt ist Kosmos. Ist Leben, ist Liebe, ist Licht. Nicht mehr. Nicht weniger. Ist Gott. Gott ist ein Wort. In Eurer Sprache. Versteht Ihr? Das versteht ihr. Mit dem Verstand. Doch Gott ist jenseits. Des Verstandes. Er ist. Hier. Jetzt. Immer. Überall. Schwer zu verstehen. Mit dem Verstand.

Wie überlistet ihr den Verstand. Nehmt ein Rezept: Äpfel und Birnen. Ein Apfelbaum und ein Birnbaum. Nebeneinander. Im Garten. Direkt nebeneinander. Außen niemals geich. Niemals eins. Doch eins. In der Erde. Unter der Erde. In der Wurzel verbunden. Stecken in gleicher Erde. Unten eins. Oben verschieden. Seht ihr den Unterschied? Zwei Früchte. Getrennt voneinander. Einer rotbackig, apfelförmig eben. Eine gelb grünlich, birnig. Völlig verschieden. Von außen. Innen sehr gleich. Fruchtfleisch. Kerne. Könnt ihr Apfel und Birne unterscheiden, wenn ihr ein kleines Stückchen von beiden von innen nur seht?

Innen gleich. Im Innern der Frucht. Innen gleich, im Innern der Erde. Wurzelsalat. Ist es wichtig, welches Wurzelstück zu welcher Pflanze gehört? Vielleicht, wenn es einen Kampf gibt. Um Wasser. Um wenig Wasser für viele Wurzeln vieler Pflanzen. Und dennoch. Im Wurzelwerk stecken die Wurzeln vieler Pflanzen. Gleichmäßig verteilt. Viele Wurzelstücke, kleine Würzelchen. Verwoben. Fast nicht unterscheidbar, nicht trennbar. Was also, wenn Wasser die Erde durchdringt? Jeder wird etwas abbekommen. Irgendein Wurzelstück jeder Pflanze wird ein bisschen Wasser abbekommen. Kein Kampf. Er ist nicht nötig. Wozu? Alles hängt mit allem zusammen. Kein Unterschied. Keine Trennung. Unten. Kein Kampf.

Manchmal doch? Denkt ihr? Ja. Da ist er. Der Verstand. Stimmt. Manche Pflanzen bekämpfen sich. Auch unten. Innen. In der Erde. Doch das ist nicht das Bild, das hier gegeben wird. Nehmt einfach nur das

Bild. Nicht Varianten. Die der Verstand produziert. Der Verstand kämpft gegen das Bild. Bemerkt ihr es? Der Verstand „kämpft". Sagt dem Verstand, er muss nicht kämpfen. Es ist genug Wasser da. Es genügt, wenn der Verstand das Bild nimmt. Das eine Bild. Vom Apfel und der Birne. Sie sind verschieden, außen, außerhalb und oberhalb der Erde, die ihre Wurzel bedeckt. Nebeneinander stehend sind sie eins, in der Erde, durch ihr verwobenes Wurzelwerk. Und auch innen, ganz tief in der Frucht. Eine Frage der Perspektive.

Das versteht euer Verstand.

Wir verstehen uns. Alatee.

# Leben ist bewegte Liebe

*26. Juli 2008*

Wer bist du? Ist nicht nur ein Satz, es sind Worte mit bedeutsamem Inhalt. Liebe ist groß und mächtig. So steht es geschrieben, in der Bibel beispielsweise. Wer weiß schon, was das wirklich heißt? Es bedeutet das Gleiche wie zu sein. Nur ist das Sein elementarer, einfacher. Ursprünglicher. Sein ist. Liebe sein. Ist sein.

Versteht ihr, was das heißt? Nur wenige verstehen was das wirklich heißt. Aber es werden mehr werden, in den nächsten Jahren. Ihr werdet mehr werden. Hört zu, was die Erde euch sagt, hört zu, was alles, was auf der Erde „ist" euch sagt, und ihr werdet verstehen. Eine neue Zeit. Eine neue Erde. Liebe ist Leben. Hier auf Erden. Leben ist Liebe.

Seht ihr wie die Blumen auf dem Feld wachsen? Dort wo keiner sie hingesät hat? Das ist Liebe. Und Leben. Und Sein. Ein Wunder. Und doch keines, denn das ist Ursprung, ist Harmonie. Wasser fließt. So fließt Leben. Leben stockt nicht. Auch Wasser nicht. Feuer ist Leben. Es bewegt sich, steht niemals still. Ist es still, dann ist es tot. Und kein Leben mehr. Kein Feuer mehr. Seht die Berge und das Meer. Was verbindet sie? Die Luft, die über sie hinwegstreicht. Luft ist Leben, ist Bewegung, ist Dynamik. Bringt Veränderung in die vermeintliche Statik der Berge. Auch sie sind nicht fest, nicht stabil, trügerische Stabilität. Sie bewegen sich wie alles auf der Erde. Die Erde lebt!

Sie lebt als Ganzes und in Teilen. Die Erde ist Liebe. Sie ist. In ihrem Ursprung ist sie. Und ihr seid Teil von ihr. Menschen. Elfen. Dazu vielleicht später mehr.

Nehmen wir die Farbe Blau. Blau ist. das hört sich seltsam an. Aber Blau ist. Sonst nichts. Blau bewegt sich auch. Ihr seht es nicht? Warum seht ihr es nicht? Weil ihr Blau seht. Ihr seid Teil des Ganzen so wie es das Blau ist. ihr seht Blau, weil das Blausehen Teil von euch ist. Hier beißt sich die Katze in den Schwanz. Und dennoch. Alles ist Teil des großen Ganzen. Was in euch ist, ist außerhalb von euch und umgekehrt. Ein immerwährender Kreislauf zwischen Sein und Bewegung. Die Bewegung ist Teil des Seins. Das Sein ist statisch und dynamisch zugleich. Zugleich auf verschiedenen Ebenen der Existenz. Es gibt viele Ebenen der Existenz. Aber nur eine Quelle, einen Ursprung. Dieser Ursprung ist blau. Und bunt. Zugleich in einem. Das ist kein Widerspruch. Den gibt es nur hier. In eurer Ebene der Existenz. Diese Ebene der Existenz ist klein, und eng, dennoch ist sie sehr wichtig. Für das große Ganze. Teil des Spiels. Teil des Spiels des Lebens.

Rasenmähen ist eine Kunst. Sagen viele Menschen. Männer, die Rasen mähen. Zum Beispiel. Was ist Kunst? Kunst ist verstehen, was es gibt. Und doch nicht gibt. Denn aus Sicht anderer Existenzebenen, aus Sicht der Quelle, des Ursprungs, ist alles, was hier ist, eine Illusion. Auch das Rasenmähen. Rasenmähen ist ungeheuer wichtig. Meint ihr. Damit alles schön aussieht. Kunst ist schön. Ist Rasenmähen deswegen eine Kunst? Was ist schön? Alles ist schön. Wertfrei. Raumneutral. Wertung ist menschlich, ist irdisch, niemand würde werten außerhalb dieser Existenzform. Warum auch? Alles ist schön, alles ist Kunst, ist geschaffen. Geschaffen von der Quelle, vom Ursprung, der auch ihr seid, ihr seid die Quelle, der Ursprung. Sie ist in euch. Insofern ist Rasenmähen eine Kunst. Allerdings anders, als ihr üblicherweise denkt. Hier auf der Erde... Kunst ist alles, was erschaffen wird.

Ihr erschafft permanent. Euer Leben ist erschaffen, so wie das Erschaffen euer Leben ist. Lebt. Das ist genug. Lebt einfach. Auch wenn ihr meint, es sei so schwer. Lebt Liebe. Lasst Liebe leben. In euch und durch euch. Das ist genug. Mehr als genug. Und sichert eure Existenz, die wichtig ist für das große Ganze als Teil des Ganzen. Lebt Liebe mit reinem Herzen. Das ist wichtig, denn zum Erhalt der Existenz gehört Veränderung, Dynamik, Fließen. Steht nicht still in eurer Existenz. Bewegt euch. Mit dem Leben, mit und in Liebe. Sonne im Herzen. Sonne am Himmel. Das mag ein Symbol sein. Für die Liebe, die lebt.

Danke. Alatee.

---

# Alles Eins im Getrennten

*28. Juli 2008*

Guten Morgen! Reden wir weiter über das Leben. Leben ist schön. Sagen viele. Schön ist relativ. Sagen andere. Leben ist Liebe, sage ich. Liebe ist miteinander zu teilen, ohne dass etwas geteilt werden kann. Weil alles eins ist. Einssein heißt zusammen sein. In der Trennung, in der Abtrennung eins. Versteht ihr? Verstehen ist menschlich und göttlich zugleich. Lieben ist menschlich und göttlich zugleich. Tiere lieben auch, obwohl ihr das (noch) nicht glauben wollt. Pflanzen lieben auch. Sie fühlen, Anders als ihr denkt. Sie lachen. Manchmal. Auch über euch. Und sie weinen. Leider viel zu oft. Manchmal, weil ihr ihnen unbewusst Leid zufügt. Pflanzen geben euch Liebe 1000fach zurück. Wenn ihr sie liebt. Tiere auch. Es ist nicht anders wie mit Menschen. Leben hört übrigens nicht bei Tieren und Pflanzen auf. Alles lebt. Vom Schreibtischstuhl bis zum Fossil. Vom Stein bis zum alten Stück Holz. Nichts ist so tot wie ihr in der Regel meint, dass es tot ist.

Nehmen wir einmal an, alles lebt. So, wie ich es sage. Was ist die Konsequenz? Geht ihr dann achtsamer mit allem um? Ich meine schon. „Liebe deinen Nächsten wie dich selbst" Diesen Satz kennen viele von euch aus der Bibel. Was ist „der Nächste"? Wer ist der „Nächste"? Wer oder was ist „dich selbst"? Liebe beginnt bei dir selbst. Wenn du nicht weißt, wer du selbst bist, wie kannst du dann die Liebe zu dir selbst auf andere übertragen? Wie etwas leben, was du nicht kennst? Es liest sich so seltsam. Ein Gebot. Ein Gebot, das etwas fordert, dessen Voraussetzung nicht wirklich gelebt wird. Von euch Menschen. Manchmal eher noch von Tieren. Aber die haben nichts geschrieben. Zumindest nicht so, wie ihr glaubt, dass Schreiben funktioniert. Verrückte Welt. Sie scheint verrückt. Doch ist sie nicht wirklich verrückt. Entrückt, von dem was ist. Möglicherweise. So könntet ihr sagen.

Liebe dich selbst. Was heißt das? Liebe ist unendlich. Sie ist schön. Sie ist universell. Sie trennt nicht. Sie begrenzt nicht. Sie ist. Du bist. Du bist du. Du bist ich. Du bist alles. Du bist nicht getrennt. Du bist nicht getrennt. Also… Was könnten wir daraus ableiten? Du bist Liebe! Ja. Auf einer gewissen Ebene der Existenz gibt es nicht einmal einen Unterschied zwischen dir und Liebe, weil du Liebe bist. Sofern man einen Kausalzusammenhang herstellen wollte. Für den Verstand. Der dann besser versteht. Liebst du dich? Dieser Satz erhält neue Bedeutung. „Liebst du dich?" heißt nichts anderes als „bist du Liebe?". Hast du dich als reine ursprüngliche Liebe erkannt? Leben heißt lieben. Leben in der dritten Dimension heißt Liebe als Mensch zum Ausdruck bringen. Oder als Tier. Oder als Pflanze. Oder als irgendetwas, das sich in der dritten Dimension materialisiert.

Setzen wir mit Logik fort. Wenn „mich selbst lieben" Liebe sein heißt. Was heißt dann „den Nächsten lieben"? Es ist ganz einfach. Den Nächsten lieben ist auch nichts anderes als der Nächste sein. Eine logische Konsequenz. Ihr seid ihr und euer Nächster. Der Nächste (oder auch die Nächste) das seid ihr. Eine unendliche Acht. Wo hat eine Acht den Anfang und Ende? Es gibt keinen Anfang außer dem, der irgendwann gesetzt wurde. Man könnte auch sagen „erschaffen" wurde. So seid ihr. Eine unendliche Acht. Irgendwann irgendwo erschaffen. Und seitdem seid ihr. Unendlich. Alle in der Acht. Alle eine Acht. Der Nächste ist mit Euch, in und außerhalb von euch. Ihr seht ihn außerhalb, er oder sie oder es ist nicht nur dort. Eure Sicht ist begrenzt. Das ist alles! Verändert eure Annahme dessen, was wirklich ist. Und es wird ganz einfach. Verändert euer Sehen, euer Hören, euer Fühlen. Löst euch von dem, was „wissenschaftlich" akzeptiert ist und folgt eurer Intuition. Hinter den Schleier der Sinne. Dort liegt die Wahrheit. Ihr könnt sie ebenso sehen, hören, riechen. schmecken, wie das, was ihr irdisch für wahr haltet. Es liegt an euch, wie lange und oft ihr euer irdisches Leben als menschlich getrenntes Leben leben wollt. Bis ihr erkennt, was wirklich wahr ist. es ist so einfach, weil universell, es liegt so nah, weil in euch präsent. Ihr seid. Alles im Nichts. Das ist der Schlüssel zur Wahrheit, zur Unendlichkeit und damit zu Gott. Göttliches Wesen Mensch.

Sinn des Lebens. Leben erforschen. Glücklich sein. Freude finden. Wertfrei denken. Gefühle ausdrücken. Spielen. Spielerisch leben. Erforscht die Leichtigkeit des Seins. Lebt wie Eure Kinder. Sie sind näher an dem was ist als ihr. Lernt von ihnen so wie sie von euch lernen. Dann wird es leichter. Das Leben. Die Liebe zu finden. In dem was nicht ist. Wahres zu finden. Wirklich Wahres. Im Verborgenen. Schönheit entdecken. Leben ist schön. Immer und überall. Auch wenn es anders scheint. Für den Augenblick oder längere Zeit. Zeit ist nicht wirklich. Raum ist begrenzt. Ebenso wie das irdische Sein. Euer irdisches Leben. Doch das ist nicht alles. Wirklichkeit ist mehr ist weiter ist alles ist überall ist immer. Ihr seid das. Immer und überall. Ihr habt es nur vergessen. Bei eurer Geburt und auch danach. Lasst das wirken.

Seid offen. Frei. Lebendig. Liebevoll. Erfüllt von dem, wer und was ihr wirklich seid. Immer und überall. Alatee.

---

# Quelle, Licht, Ursprung

*29. Juli 2008*

Hallo, hier ist Alatee. Lasst uns über die Quelle sprechen. Die Quelle des Lebens. Eure Quelle, die Quelle von allem. Quelle sein, heißt Ursprung sein, heißt auch Licht sein. Licht des Lebens. Womit wir wieder beim Leben wären. Aber dazu heute nicht so viel.

Die Quelle hat etwas mit der Farbe Blau zu tun. Blaues Licht aus weißem Licht. Es ist nicht leicht zu verstehen, weil Farben auf einer anderen Ebene der Existenz nicht Farben sind sondern reine Energie. Und wiederum der Energiebegriff ein anderer ist als ihr ihn auf der Erde benutzt. Es ist schon etwas schwierig nicht wahr? Bleiben wir bei der Farbe Blau. Blau ist die Farbe des Planeten. Eures Planeten Erde, wenn man ihn aus der Ferne des Weltalls beobachtet. Die blaue Farbe ist eine physikalische Wirkung. Sonst nichts. Es gibt allerdings noch ein Blau, das nichts mit eurer Physik zu tun hat. Ursprüngliches Blau. Das ursprünglichste Blau, das sich jemals gebildet hat und das sich bedauerlicherweise kaum ein lebender Mensch vorstellen kann. Es liegt jenseits eurer Vorstellung und ist dennoch wahr, klar, rein, Quell-Licht eben.

Blau ist wichtig für euch. Vielleicht wichtiger als ihr denkt. Im Blau liegt die Kraft Gottes. Göttliche Kraft. Ihr beschreibt Wasser häufig als „blau". Das ist kein Zufall. Wasser als Quelle des Lebens. Blau. Das passt schon. Besser als ihr denkt. Auch, wenn Wasser physikalisch betrachtet nur blau scheint und nicht blau IST. Das ist ein Unterschied. Ein großer Unterschied! Und dennoch liegt in „blauem" Wasser viel Kraft. Im übertragenen Sinne. Auch.

Wisst ihr, was passiert, wenn man Blau mit Weiß vermischt? Es entsteht Hellblau, meint ihr? Das ist nicht falsch. Auf einer anderen Ebene der Existenz mischt sich in diesem Fall Göttlichkeit mit Göttlichkeit. Eine Form der Essenz. Auch der Existenz, mit einer anderen. Und trotzdem sind beide eins. Kein Widerspruch auf dieser Ebene, von der ich hier rede. Weiß und Blau wird dickflüssiger als nur Blau oder nur Weiß. Soviel sei dazu gesagt. Aus Blau und Weiß entsteht Nahrhaftes. Das ihr zum Leben braucht. Was ihr vergessen habt. Dickflüssiges weißblaues Licht. Licht der Weisheit. Licht, das Weisheit ist. Göttliche Weisheit. Die ihr zum Leben braucht, wenn ihr weiter existieren wollt. Und das wollt ihr doch, nicht wahr?

Weiß blau schillert das Meer in der Sonne. Auch das ist kein Zufall. Alles ist Spiegel. Eine Sonne besonderer Art ist Zentrum eures Universums. So wie die Sonne dazu beiträgt das Meer weiß blau schimmern zu lassen, so lässt die Quelle, der Ursprung des Seins euch weiß blau schimmern. Obwohl ihr nicht weiß blau seid, so wenig wie das Meer, so spiegelt sich dennoch alles im Nichts. So wie das Sein sich im Nichts spiegelt. Sein ist nichts und doch alles.

Ich verlange nicht, dass ihr das jetzt versteht. Das wäre zu viel verlangt. Jetzt. Dennoch sollt ihr wissen, dass das wahr ist. Und immer bleiben wird. Es ist unerheblich, ob ihr es jetzt versteht oder später. Allerdings solltet ihr es irgendwann verstehen. Es wäre wichtig. Für jeden einzelnen wie für die ganze Menschheit. Die nach außen und oben strebt. Ohne dass sie davon weiß. Wenig wissen. Es werden mehr. Das ist gut. Gut für alle. Es werden immer mehr. Mehr und größere Spiegel des Ganzen. Mehr oder weniger bewusst. Immer bewusster. Gott allüberall. Immer klarer. Immer mehr Ursprung im jetzt. Obwohl so viel Zeit vergangen ist. Zeit ist nichts. Ebenso wenig wie Raum. Dennoch erschaffen. Zum leben. Zum spielen. Zum erforschen. Für euch für alle für jeden einzelnen. Nutzt die Zeit, die ihr habt. Spielt das Spiel im Spiegel.

Wie die Sonne das Wasser Blau Weiß schimmern lässt, schimmert die Unendlichkeit Gottes Blau Weiß in euch.

Alatee.

*Weitere Sätze, unmittelbar ergänzt:*
Liebe ist Leben ist eins. Ich wiederhole: Liebe ist Leben ist eins. Ihr seid eins. Keines ist alleine. Keiner ist alleine. Niemals und nirgends. Das ist wichtig zu verstehen. Damit beginnt das Verständnis des Anderen, das nach dem kommt, was ihr für wahr haltet. Lebt in diese Richtung und ihr werdet glücklich sein. Glaubt das oder nicht. Es bleibt euch überlassen.

---

# Die Nahrung im Nichtessen

*30. Juli 2008*

Hallo! Hier ist Alatee. „Wir fasten heute nicht".

Ihr wundert euch über diesen Satz? Was ist „Fasten"? Fasten heißt, „nichts essen". So würdet ihr es vermutlich erklären. Das ist nicht falsch. Aus eurer Sicht der Dinge. Und doch ist das zu wenig. Zu eng gefasst. Fasten heißt auch lieben. Verzichten kann lieben heißen. Muss es aber nicht. Verzichten heißt nicht „quälen", nicht sich selbst quälen – vor allem! Fasten heißt lieben, wenn ihr nicht in der Verwirrung seid, lieben mit nicht-lieben zu verwechseln.

Fasten heißt „nicht(s) essen". Bleiben wir einmal dabei. Was heißt „nicht(s) essen"? Keine Nahrung aufnehmen. Dabei ist Nahrung wichtig. Allerdings muss es keine feste Nahrung sein. Auch Licht ist Nahrung. Nährt euch von Licht. Es wird reichen, um zu leben. Irgendwann. Wenn ihr daran glaubt. Vorher nicht. Fasten heißt auch lieben. Warum? Weil Liebe Fasten zu dem macht, was es im Ursprung ist. Konzentration auf das Innere. Das Wahre. Das Selbst. Das eine. Das Einzige. Gott. Dich. Ich. Wir. Ihr könnt dafür viele Begriffe finden. Dennoch meinen sie alle dasselbe. Konzentration auf die Essenz des Lebens. Das bedeutet Fasten im Grunde. Und damit ist Fasten auch Liebe. Denn wer, der sich nicht auf das Innere (etc.) konzentriert, könnte nicht lieben?

Ich glaube, ihr habt verstanden. Fasten heißt nicht nur „nicht essen". Eigentlich heißt es gar nicht „nicht essen". Schon gar nicht „keine Nahrung aufnehmen". Gerade im Fasten ernährt ihr euch mehr denn je von dem, was (physikalisch gesehen) „nicht (nährend) ist". Von Licht. Von göttlichem Licht, das aus euch und durch euch von innen strahlt. Das nährt ungemein! Wer es ausprobiert hat, wird es wissen.

Vorhin sagte ich „Wir fasten heute nicht". Was habe ich damit gemeint? Heute ernähren wir uns nicht von Licht? Das wäre eine falsche Interpretation. Nicht fasten heißt nicht zugleich, dass wir uns nicht von Licht ernähren. Das könnt ihr immer. Auch in Zeiten des Nicht-Fastens. Allerdings ist es dann unbewusster. Meistens ist es unbewusst. Und dennoch ernährt ihr euch täglich (auch) von Licht.

Es wird mehr werden. Mehr Licht. Weniger materialisierte Nahrung. Und das ist gut so. Weniger materialisierte Nahrung bedeutet weniger tote Tiere. Weniger Morde an denen, die euch viel ähnlicher sind als ihr es wahrhaben wollt. Sie sind euch nicht nur ähnlich, sie sind ein Teil von euch. Auf einer anderen Ebene, aus einem anderen Blickwinkel betrachtet, seid ihr eins mit Ihnen. Würdet ihr ein Tier grausam töten, wenn ihr glauben könntet, dass ihr dieses Tier seid? Das wäre sozusagen Selbstmord. Sozusagen. Es ist Selbstmord. Ihr tötet euch selbst. Euer Selbst. Immer wieder. Und schafft dadurch das, was manche von Euch Karma nennen. Kein gutes Karma. Mit Blick auf die Lichtnahrung. Mit Blick auf das Licht. Licht ist hoch frequent. Viel höher frequent als alles, was ihr euch jetzt auf der Erde vorstellen konntet. Viel höher frequent als alles, was Eure Technik jetzt messen kann. Ihr werdet es messen können. Schon bald. Denn die Technik dazu wird sich schnell entwickeln. Ihr werdet sie entwickeln. Doch das Licht ist auch da ohne eure Technik. Ich sag das nur, weil ihr es auch einfach glauben könnt. So glauben könnt. Ohne Technik.

Licht ist eins. Licht hat mit Einssein, mit Einheit zu tun. Die Einheit nährt euch zur Einheit. Das ist wirklich wahr. Seid offen für das Licht. Möglichst immer, in der Absicht. Unbewusst. Und so oft es geht, bewusst. Vielleicht während ihr fastet. Wenn ihr fastet. Was ihr jetzt eben nicht tut. Trotzdem ist es da das Licht und nährt euch. Das ist heute die Botschaft.

Gute Nacht. Alatee.

# Schein und Sein

*31. Juli 2008*

Hier ist Alatee. Lasst uns reden. Ähnlich wie gestern. „Die Sonne scheint rot."

Ihr fragt wiederum: Was soll dieser Satz? Was macht der für einen Sinn? Tja, so ist das mit der Sinnfrage. Habt ihr euch schon einmal gefragt, was der Sinn des Lebens ist? Der Sinn des Lebens ist, Liebe zu lernen, die ihr sowieso seid. Das ist das Verrückte und Spannende zugleich am Leben als Mensch. In dem Moment, in dem ihr das Leben liebt, lebt ihr die Liebe. So einfach ist das.

Warum scheint die Sonne rot? Warum scheint sie überhaupt? Der Schein der Sonne ist ein Spiegelbild. Sonst nichts. Wie vieles, wie alles auf der Erde. Genau genommen. Alles ist Spiegel. So auch das Licht der Sonne. Sei es, dass es rot scheint oder gelb oder blau. Es macht keinen Unterschied. Auf einer anderen Ebene der Existenz. Die Sonne scheint als Spiegel dessen was wirklich ist. Wirklich ist nur schön, gut, friedvoll, göttlich, hell, klar, eins. So einfach ist das und doch so schwierig.

Betrachten wir die Farbe „Rot". Rot ist eine grundlegende Farbe und doch auch nur ein Wiederschein dessen, was ihr nicht sehen könnt. Mit euren Augen. Als Mensch. Ihr könntet es sehen, wenn ihr es wirklich sehen wolltet. Jeder kann es. Ihr müsst es nur wirklich wollen. Zweifellos wollen. Ohne wenn und aber. Das wenn und aber ist das Problem, das es zu lösen gilt. Solange ihr wenn und aber denkt, fühlt, sagt, solange wird es nicht möglich sein. Hinter den Horizont zu „sehen". Dorthin, wo das „Rot" wirklich ist. Ursprünglich ist. Ist. Rot als Farbe der Liebe. So sehen viele von euch Rot. Wieviel Wahrheit steckt in diesem Gedanken – dennoch ist er sehr begrenzt. Weil ihr die Liebe begrenzt. Die meisten von euch begrenzen sie. Bewusst. Unbewusst wissen viele von euch, dass Liebe mehr ist als das, was ihr bewusst und abgegrenzt darunter versteht. Das ist ein Glück. Für euch, für alle, für die Erde. Das Unbewusste, das es bewusst zu machen gilt. Ihr könnt es euch bewusst machen. Sonst niemand. So einfach ist es. Ihr könnt es. Jeder für sich. Alleine und doch nicht alleine. Weil es ein „Alleine" nicht wirklich gibt.

Rot als Farbe der Liebe. Das ist schön. Macht der Satz „Die Sonne scheint „rot"" jetzt mehr Sinn für euch? Jetzt, wo ihr euch zumindest ein bisschen bewusster seid, dass Liebe nicht begrenzt ist, dass ihr nicht begrenzt seid, so wenig wie es euer Bewusstsein ist? Ja! Euer Bewusstsein ist nicht begrenzt. Es endet nicht mit dem „Bewussten". Das Unbewusste ist es, das es sich bis zur Unendlichkeit ausdehnen lässt. Bis hin zur Quelle des „Roten" übrigens auch. Die Quelle des Roten ist die Quelle Eures Bewusstseins. In der Quelle fließt alles zusammen. Alles fließt aus ihr heraus. Euer immerwährendes Bewusstsein. Eure Göttlichkeit, die in euch verborgen liegt. Immer weniger verborgen. Immer sichtbarer. Immer klarer.

„Die Sonne scheint rot." Scheint sie, oder scheint sie? Sie scheint, vom Begriff her. Physikalisch. Sendet Licht aus. Das ihr manchmal „rot" seht. Je nach Spiegelung der Luft. Habt ihr gehört? Die Luft spiegelt auch. Auch physikalisch. Nicht nur physikalisch. Aber das ist ein anderes Thema. Die Sonne scheint rot. Sie strahlt anscheinend rot. Das ist genauso wahr wie die erste Interpretation. Sie strahlt anscheinend rot. Eine Illusion. So oder so. Wie vieles, wie alles, was ihr wahrnehmt auf dieser Erde. Macht euch dies bewusst und ihr versteht alles. Es ist so einfach. So einfach wie ihr annehmt, dass die Sonne wirklich scheint. Eine Frage des Bewusstseins. Für den Verstand auch eine Frage des Blickwinkels. Eine Frage dessen, was euer Verstand zu verstehen bereit ist. Und dennoch: das Wahre liegt jenseits des Verstandes. Ihr könnt Euren Verstand mit Verstandesverträglichem beruhigen. Verstehen kann er nicht. Was wahr ist. Euer Bewusstsein kann sich dessen bewusst werden. Anders. Ihr müsst es wirklich wollen. Dann wird es sein. Was ihr wollt wird immer sein.

Ihr seid die Schöpfer eurer Realität. Wollt ihr die Sonne rot scheinen sehen. Dann seht ihr sie rot scheinen. Ob sie es wirklich tut, ist dabei völlig unerheblich. Woran ihr wirklich glaubt, das wird geschehen. Das ist. So einfach ist das. Die Erde steht quasi auf dem Kopf dessen was ihr für wahr haltet. Anders ist das schwer zu erklären. So lange Wahrnehmung und Interpretation verzerrt sind. Unwirklich. Eine Realität die nicht real ist. Und doch real in eurem Spiel. In dem Ihr eure Realität als real definiert habt.

Mühsam. Über viele hunderte und tausende Jahre. Scheinbar mühsam. Gefühlt mühsam. Jedoch sind auch die Gefühle nur Schein.

Autsch! Spürt ihr das Ego, eure Persönlichkeit, euren Verstand? Entrüstet über meine Worte. Wie kann ich Trauer, Schmerz, Angst, Ärger, wie kann ich diese Gefühle als „Schein" bezeichnen? Ich kann. Denn es ist, wie ich sage. Es ist an euch, das anzunehmen oder nicht. Ihr seid völlig frei. Euer bewusstes Ich ist völlig frei. Euer unbewusstes Ich (so ich es denn hier einmal so nenne) stellt sich diese Fragen nicht. Es ist nicht getrennt. Nicht von mir, nicht von anderen, nicht von Gott. Warum also fragen? Es braucht keine Antwort.

Nur der Schein braucht Antworten. Der Schein, der häufig trügt. In Liebe. Alatee.

---

# Passives Glück

*1. August 2008*

Hallo, hier spricht Alatee. Lasst uns über das Beten reden. Beten ist menschlich. Nicht göttlich. Ein Gebet ist ein Satz, bestehend aus Worten. Ihr bittet um etwas.

Warum bittet ihr? Ihr seid göttlich, weil ihr von Gott kommt, vom Ursprung, von der Quelle. Ihr müsst nicht bitten. Ihr könnt nehmen, was ihr selbst erschafft. Gebete sind nicht von Gott gemacht. Sie sind vom Menschen gemacht. Also ist es gewissermaßen auch „nicht schlimm", wenn ihr betet. Ihr müsst es allerdings nicht. Noch einmal: Beten heißt bitten. Bitten stellt eine Rangordnung her. Zwischen demjenigen der/ die gebeten wird und demjenigen, der/die bittet. Eine Rangordnung ist nicht. Es gibt keine Rangordnung auf einer anderen Ebene der Existenz. Warum auch? Wenn alle eins sind, warum eine Rangordnung aufstellen? Sie hätte keinen Sinn. Sie hat keinen Sinn.

Wenn ihr betet, wenn ihr bittet, so ist das ein Akt des Egos. Des menschlichen Egos, Eurer Persönlichkeit. Die glaubt, sie sei getrennt von Gott. Das ist der Fehler. Euer Problem. Löst es. Und es wird euch immer, in alle Ewigkeit gut gehen. Ihr werdet freudvoll, ihr werdet glücklich sein. Und das ist es doch, was ihr wollt, nicht wahr? Wer von euch will etwas anderes?

Wieviele definieren den Sinn des Lebens als „glücklich sein", „unbeschwert sein". Nun ja. Viele sagen, sie wollen Geld haben. Viel Geld. Doch das Geld ist nur Mittel zum Zweck. Zum Zweck des Glücklichseins, das sie in Wahrheit wollen. Manchmal wird das vergessen. Dass Geld nur Mittel zum Zweck ist. Aber das macht nichts. Menschen vergessen. Viel. Viel Geld. Viel Vergessen.

Ihr seid das Licht, die Klarheit, das unendliche Wissen. Im Ursprung dessen, was ihr seid und immer bleiben werdet. Auch als Mensch, der vergisst. Du bist Mensch und Gott. Gott und Mensch. Göttliches Wesen. Voll des Wissens um Einheit und Gleichheit aller Schöpfungen. Und dennoch vergisst du, du Mensch. Ihr Menschen seid eine wundersame Spezies. Einerseits erhebt ihr euch über den „Rest" der Schöpfung. Meint, ihr seid etwas besonderes, hoch entwickelt, besonders intelligent und so weiter. Andererseits bittet ihr. Betet ihr. Wie passt das zusammen? Wenn ihr schon etwas Besonderes seid, dann lebt es doch in der Konsequenz, wie ihr es anderen Lebewesen gegenüber oft ungerechtfertigt tut. Lebt es offen, frei gerecht, liebevoll, friedfertig, mit Sinn für das Ganze. Setzt all eure Sinne ein, die deren ihr bewusst seid und die, deren ihr euch nicht bewusst seid. Noch nicht. Die Sinne, die ihr entwickeln könnt. Dann werdet ihr sehen, ihr werdet fühlen. Ihr werdet es einfach wissen. Wie das geht. Erhaben zu sein ohne erhaben zu sein. Einfach zu sein. Liebe zu sein. Nicht erhaben über andere und doch so erhaben wie alles und alle in Gott.

Verwirre ich euch? Wie das geht, fragt ihr? Es geht nicht. Nichts geht. Keine Aktion. Passives Sein. So unbewusst. Am Verstand vorbei. Dass es nichts zu denken gibt. Nichts zu fühlen. Nur reines wahres Sein. Vorbei an den Worten, die hier zum Ausdruck kommen. Die Worte sind für euer Ego, für eure Persönlichkeit. Auch sie ist Teil des großen Ganzen. Sie will dabei sein, wenn alle sich der Einheit bewusst werden. Nur nichts verpassen! Das Ego ist ehrgeizig. Ein Vorteil vielleicht. Für das, was ansteht. Oft ein Nachteil. Zu logisch. Zu skeptisch. Für freies Sein. Dennoch Teil des großen Ganzen. Ehrgeizig bittend. Betend. Um was? Um Frieden? Ihr seid Frieden. Der Friede ist in euch. Um Gesundheit? Warum? Ihr seid gesund. Im tiefsten Inneren eures Herzens seid ihr gesund. Der Körper mag schwach sein. Der Geist ist es nie. Der wahre Geist. Nicht der verwirrte Geist. Der wahre Geist weiß alles. Ruht ins sich selbst. Gesund. In Harmonie mit allem was ist. Warum bitten? Um etwas, das ist. Das ihr in jeder Sekunde eures Lebens nicht habt, sondern seid. Das ist ein Unterschied. Staubkorn im Universum. Das Leben. Der Mensch. So winzig klein und doch so wichtig für das große Ganze. Alles ist in allem. Ohne eins fehlt alles. Liebe überall. Sie ist da. Eure Aufgabe. Sie erkennen. Sie leben. Sie lehren. Lernen und Lehren. Nicht bitten. Tun als Mensch. Sein als göttliches Wesen. Bitten als Ego. Sich der Bedeutung dieser Bitten bewusst sein. Einfach sein. Als göttliches Wesen. Kein Unterschied zwischen all dem. Auch, wenn es so verstanden werden mag. Kein Unterschied. Denkt an euer Ego. Euer Ego ist das, was denkt.

Werdet still. Gönnt eurem Geist Ruhe. Dann werdet ihr wach. Das Licht. So hell. Wie nichts, was jemals hell gesehen wurde.

In Liebe. Alatee.

---

# Die Fülle in der Leere

*3. August 2008*

Hallo Ihr Lieben, hier sprich Alatee. Mir geht es gut, sehr gut sogar. Wie geht euch? Nicht gut? Dann seid ihr nicht ihr selbst, dann seid ihr etwas, von dem ihr glaubt, es zu sein. Aber das seid nicht ihr. Nicht wirklich. Nicht selbst. Nicht das, was ihr im Kern seid.

Lasst uns über den Kern sprechen. Der Kern ist unermesslich. Ihr könnt ihn euch als Kugel vorstellen, aber das ist nur ein Bild. In der dritten Dimension. Es gibt kein Bild dafür in andere Dimensionen. Nicht das, was ihr als Bild bezeichnen würdet. Was euer Verstand verstehen kann. Also. Der Kern als Kugel. Die Größe ist im Grunde unerheblich. Die Kugel glänzt außen schwarz und ist innen leer. In der Kugel ist nichts. Und schwarz glänzt sie auch nur deshalb, weil das Schwarze das „Nichts" des Kugelinnern spiegelt. Wie sollte „Nichts" gespiegelt werden, wenn nicht „schwarz"? In der Kugel ist eine Leere, die ihr euch nicht vorstellen könnt. Als Mensch. Dennoch ist sie da. Sie ist in euch. Mehr noch: ihr seid sie. Die Leere. Die Kugel. Der Kern. Der Kern ist unendlich groß und nicht sichtbar klein in einem. Deshalb ist es unerheblich, welche Größe ihr der Kugel im Bild gebt. Wichtig ist nur: Sie ist völlig leer. Ich sage „völlig", weil in diesem Wort die „Fülle" steckt. Fülle im Nichts. Könnt ihr euch das vorstellen?

Die Vorstellung mag euren Verstand überfordern. Ihr werdet es irgendwann verstehen. Mit eurem Verstand, der permanent wächst. Ihr werdet verstehen.

Folgt mir. Auf eine Reise. Eine Reise ins Nichts. Schließt die Augen und konzentriert euch auf euren Atem. Atmet langsam und tief. Ein und aus. Einige wenige Züge reichen aus, um euch in einen entspannteren Zustand zu versetzen. Das ist hilfreich. Für unsere gemeinsame Reise. Seht ihr das tiefe Blau, das sich um euch ausbreitet? Ein beruhigendes, klares Blau. Strahlend. Leuchtend. Stark. Es legt sich um euch wie ein weiches Tuch. Hüllt euch ein. Dann löst es sich langsam auf. Es zerfließt in weiße Nebelschwaden. Die wiederum in funkelnde kleine Sterne übergehen. Dahinter ist das Nichts. Eine leere und Weite. Beruhigend. Sonst nichts. Ihr spürt euren Körper im Hier und Jetzt. Zugleich spürt ihr die Weite, friedvolle Leere des Nichts. Ihr seid da und dort. Zugleich. Euer Kern ist jetzt hier und dort. Es gibt keinen Unterschied. Zwischen hier und dort. Zwischen jetzt und gleich oder vorhin, Zeit und Raum sind eins im Kern. Im Nichts. Aus dem alles hervorging. Auch ihr. Dabei ist Nichts nicht Nichts, wie ihr vielleicht annehmt. Weil ihr gelernt habt, dass Nichts wirklich Nichts ist. Dieses Nichts kommt von der Quelle. Es hat direkte Verbindung zur Quelle. Ihr habt diese Verbindung. Ihr seid diese Verbindung zur Quelle. Das macht euch stark. Lebendig. Liebend. Als Mensch. Das ist es. Das ist. Sonst nichts. „Seht" ihr es noch? Das Nichts? Dann lasst es jetzt langsam los. Gleitet zurück durch funkelnde Sternchen, weiße Nebelschwaden, durch das klare Blau. Lasst das blaue Tuch los, das euch umhüllt und seid wieder ganz da. Wo ihr gerade sitzt oder steht. Auf der Erde. In eurem Körper. Als Mensch.

Ihr seid nicht getrennt. Von Zeiten und Räumen, von allem was ist. Alles was ist, seid ihr. Jetzt und überall. Das seid ihr. Groß und mächtig. Je mehr ihr euch dessen bewusst werdet und euch dessen bewusst bleibt, umso leichter wird es. Euer Leben als Mensch. Umso besser geht es euch. Immer gut. Im Kern liegt so viel Wahrheit. Alle Wahrheit der Welt. Sie ist zum Greifen nah. Greift sie, begreift sie. Als euch.

In Liebe und bis bald. Alatee.

# Freiheit in Liebe

*5. August 2008*

Hallo, hier ist Alatee. Worüber wollen wir heute sprechen? Über etwas, das Spaß macht.

Was macht euch Spaß? „Freie Liebe", würden manche von euch sagen. Aber was ist „freie Liebe" wirklich? Was hat sie mit eurem Wesenskern zu tun? Womit wir bei der nächsten Frage wären. Was ist überhaupt der „Wesenskern"? Was ist das Wesen? Was der Kern? Oder wer? Fragen über Fragen. Lasst es uns mit ein paar Antworten versuchen.

Zunächst zum Kern. Kern ist immer Mittelpunkt. Ist Mitte, ist Harmonie, ist In-sich-ruhen. Ausgeglichen. Pol ohne Extreme. Ruhepol. Was kann ich mehr dazu sagen? Ich habe schon einiges dazu gesagt. Nun noch ein bisschen etwas dazu. Das Wesentliche. Ist der Kern. Merkt ihr etwas? Im „Wesentlichen" liegt schon „das Wesen" verborgen. (Ich liebe solche Wortspiele, die Eure Sprache erlaubt…). Also. Das Wesentliche. Ist der Kern. Also steckt bereits das Wesen im Kern. Das ist wahr. Der Kern des Wesens ist im Kern. So, wie alles in allem ist. Das Wesen und der Kern. Sind wiederum Beispiele. Nicht mehr. Nicht weniger. Für das, was ist. Für das, wer und was ihr seid. Wenn man das überhaupt so sagen kann. Hier hapert es mit den Möglichkeiten Eurer Sprache. Soweit zum Wesenskern.

Eigentlich wollten wir über „freie Liebe" sprechen. Doch auch die hat etwas mit dem Wesenskern zu tun. Nur im Kern Eures Wesens, im wahren Seinszustand könnt ihr Liebe wirklich frei leben. Alles andere ist Illusion. Nicht schlimm. Die Illusion. Sie will auch gelebt werden. Von euch. Als Menschen. Auf der Erde. Aber sie ist und bleibt Illusion. Eure sogenannte „freie Liebe".

Was ist Freiheit? Freiheit ist völliges Losgelöstsein von Fremdbestimmung. Wer kann das von sich behaupten? Welcher Mensch kann behaupten, er sei überhaupt nicht fremd bestimmt? Es gibt solche Menschen, die das sagen können. Ohne zu lügen. Die anderen würden lügen. Viele unbewusst. Das macht es nicht weniger. Völlige Selbstbestimmtheit ist ein wesentliches Ziel, Mittel und Zweck von wahrer Freiheit. Lassen wir das so stehen. Jetzt.

Was ist nun „freie Liebe". Kein „Sex im Grünen". Oder Sex mit wechselnden Partnern. Nicht so körperlich, wie ihr das in der Regel seht beziehungsweise versteht. Die Wahrheit liegt nicht so fern und doch ist sie anders als das. Seht sie als Spiegel. Körper spiegelt auch Seele. Wahre „freie Liebe" ist seelische Freiheit. Ist seelische Liebe. Ist eins. Nicht getrennt. Seelen, die nicht getrennt sind, Nicht von sich selbst. Nicht von anderen Seelen. Frei sind. Seelenliebe. Eine besondere Liebe. Und doch normal auch auf der Erde. Ihr wisst nur wenig davon. Das ist alles. So einfach. Trotzdem da.

„Seelenverwandtschaft". Kennt ihr. Als Begriff. Viele nutzen diesen Begriff. Wer versteht ihn wirklich? Seelenverwandtschaft ist gelebte Seelenliebe. Ist wirklich freie Liebe. Unbegrenzt. Nicht begrenzt durch (irdische) Familie, soziale Schicht, Bildung, Räume, Zeiten und so weiter. Völlig frei in allen Belangen. Raum und Zeit überschreitend. Viele Existenzen überschreitend. Ein Teil eures unbewussten Bewusstseins, wenn ich das jetzt einmal so nennen darf, weiß darüber sehr genau Bescheid. Dieser Teil von euch kommuniziert. Mit anderen „verwandten" Seelen. Immer wieder. Auch während eures irdischen Lebens. Ihr fühlt diese Kommunikation als „angenehm". Blickkontakte mit vermeintlich Fremden. Irgendwo. In der U-Bahn zum Beispiel. Ihr nennt es manchmal „Flirt" und macht daraus manchmal etwas, das ihr dann sogar „freie Liebe" nennt. Dann lebt ihr einen Hauch dessen, was „freie Liebe" wirklich ist. Und lebt das doch überhaupt nicht wirklich. Beide Aussagen sind wahr. Auf ihre Art.

Denkt darüber nach! Wenn ihr möchtet. Auch das gehört zur Freiheit. Zu wählen. Ihr könnt wählen. Jeden Tag, jede Stunde, jede Minute. Auch jetzt. Das sei genug für jetzt.

Alatee.

# Sterben zwischen Illusion und Ewigkeit

*5. August 2008, etwas später als der vorangegangene Text*

Hallo?! Willst du, dass wir heute noch über das Leben und das Sterben reden? Das wäre eine Möglichkeit. Eine von vielen. Also? Ja? Nun denn. Dann das.

Das Leben und Sterben gehört zum Leben wie das Sterben. Hört sich das verwirrend an? Das soll es auch. Denn es ist verwirrend. Was Menschen über das Leben und Sterben denken. Leben ist. Leben ist hier. Und Sterben ist vorbei. Einfach vorbei. Sagen viele. Denken viele. Glauben viele. Andere glauben an ein Paradies. Stellen sich darunter etwas „Schönes" vor. Was „schön" ist, ist subjektiv. Verschieden. Naja. Vielleicht gibt es manches, was viele als „schön" oder „paradiesisch" beschreiben würden.

Dennoch gibt es Unterschiede. Aus Sicht der Menschen. Diese Unterschiede gibt es nicht. In dem, was ihr Himmel nennt. Nein. Dort gibt es keinen Unterschied. Dort ist alles schön. Nach dem Leben. Das ihr nach dem Sterben lebt. Sogar das Sterben ist schön. Nicht nur, weil oder wenn „man" es hinter sich hat. Mit dem Sterben endet nichts. Wie kann es auch? Nichts endet. Das heißt, das NICHTS endet. Denn das Leben auf der Erde ist, aus einer anderen als der irdischen Perspektive betrachtet „nichts". So einfach ist das. Und doch so schwierig für euch.

Also. Leben hier. Sterben. Und dann Paradies? Oder „Fegefeuer"? Oder Hölle? Wie ihr das zu nennen pflegt. Manchmal. Entschuldigt die harten Worte, aber das ist eine naive Sicht der Dinge, wie sie wirklich sind. Ich möchte nicht sagen „kindlich", denn die kindliche Sicht der Dinge ist weit wahrer und wirklicher als die erwachsene Menschensicht der Dinge. Ihr könnt das glauben. Oder auch nicht.

Leben ist Leben ist Liebe. Leben bleibt immer Leben. So wie Liebe immer Liebe bleibt. Das ist eine nachvollziehbare Logik, wenn Leben = Liebe ist. Also. Warum sollte Leben enden? Liebe ist unendlich. Leben ist auch unendlich. Nur eure Wahrnehmung stirbt. Eure Wahrnehmung als Körper, Eures Selbst als menschlicher Körper endet. Euer Geist ist (wieder) frei(er). Wenn ihr „sterbt". Mehr passiert nicht. Im Kern passiert gar nichts. Ich sage bewusst Kern. Ihr versteht jetzt ein bisschen besser, was ich damit meine. NICHTS passiert. Im wahrsten Sinne des Wortes. Ihr lebt nach dem Sterben immer noch. Nur eben anders. Vielleicht fühlt ihr sogar noch wie im irdischen Leben. Manchmal ist das so. Es gibt Übergänge. Zwischen dem was ihr Leben und dem, was ihr Tod nennt. Diese Übergänge sind zeitlos. Und daher zwischen nichts und unendlich lang. Wolltet ihr es dennoch in Euren Zeiteinheiten messen. Der Raum, in dem sich der Übergang abspielt ist ebenso punktuell wie überall. Ihr könnt euch das nicht vorstellen. Zumindest nicht nach irdisch allgemein bekannten Maßstäben. Ich kann es dennoch nicht anders erklären.

Mit Euren Worten. In eurer Sprache. Für euren Verstand. Erinnert euch, euer Verstand ist es, den ich hier in erster Linie anspreche. Euer irdischer Verstand. Der überzeugt werden will, von dem was wirklich wahr ist. Obwohl es wahr ist, auch ohne die Überzeugung eures Verstandes. Was ihn jetzt ein wenig kränken wird. Wenn ich das so sage.

Bleiben wir beim Leben und dem Sterben. Nichts ist tot. Nichts ist nie tot. Nichts ist nichts. Und bleibt nichts. Ihr habe den Begriff „tot" mit einem Zustand belegt, den ihr euch nicht anders erklären könnt, als dass euer Partner, Freund, Vater, Mutter, Schwester etc. „nicht" mehr da ist. Nicht mehr ist. Sozusagen. Dabei steht auch hier euer Denken wiederum quasi auf dem Kopf. Im irdischen Leben war euer Partner, Freund etc. viel mehr „nichts" als er oder sie es „tot" ist. Im Tod, der in Wahrheit die Rückkehr ins wirkliche Leben bedeutet, endet ein Stück des Nichts. Ja. Das Nichts hat sogar Stücke… Das klingt paradox. Ist es auch.

Leben ist Liebe ist Wahrheit. Dabei bleibt es. Sterben ist schmerzhaft und Tod ein Verlust. Außen. Im irdischen Leben. Für die, die es weiter leben. Bis zu Ihrem eigenen Tod. Dann wissen sie mehr. Dass wisst ihr mehr. Ihr wisst jetzt schon mehr. Ein erster Schritt zur Überwindung der Verwirrung. Zwischen Leben und Tod. Ein wichtiger Schritt. Je mehr von euch das verstehen. Wirklich verstehen. Umso weniger Verwirrung. Umso gleitender der Übergang. Nicht zwischen Leben und Tod. Nicht zwischen Leben und

Sterben. Sondern zwischen Leben und Leben. Das eins ist. Über alle Existenzen hinweg. Keine Zeit. Kein Raum. Dazwischen. Alles nebeneinander. So greifbar nah. Ihr braucht dafür noch nicht einmal die Hand auszustrecken. Ihr seid. Leben und Leben. Liebe und Liebe.

Trauer ist menschlich. Freude ist ewig. Immer. Überall. Lebt. Liebt. So einfach ist das.

In Liebe und Zuversicht. Alatee.

---

# Ganz multidimensional

*6. August 2008*

Hallo, hier ist Alatee. „Wer bist du?" Wollen wir darüber sprechen, was diese Frage genauer bedeutet? Ja? Schön.

Wer bist du? Eine vermeintlich einfache Frage, auf die es logischerweise eine einfache Antwort geben müsste. Du. Das ist ein Mensch. Wer. Ist das Fragewort nach einem Subjekt. Das Subjekt ist hier auch ein Mensch. Last uns die beiden Begriffe austauschen und sehen, was passiert. Ein Spiel. Ein Wortspiel. Gewissermaßen. „Du" gegen „Mensch". „Wer" gegen „Mensch". Wie heißt die Frage jetzt? „Mensch bist Mensch?" eine völlig andere Frage und doch eine Frage, die der Antwort auf die ursprüngliche Frage sehr viel näher kommt. Mensch bist Mensch? Lasst uns versuchen, diese Frage zu beantworten. Eine Ja oder Nein Frage, die mit einem eindeutigen Ja UND Nein zu beantworten ist. Natürlich ist der Mensch ein Mensch. Sonst hättet ihr mit euren sprachlichen Bezeichnungen einen Fehler gemacht. Und alles wäre unlogisch. Was es ja nicht sein sollte. Auf der Erde. Für euren Verstand. Den menschlichen Verstand. Also: Ja, Mensch ist Mensch. Aber auch: Nein, Mensch ist nicht (nur) Mensch. Mensch ist auch anderes. Nur weiß der Mensch davon oft nichts. Nicht klar bewusst. Dass ein Mensch mehr ist als das, wie ein Mensch gemeinhin definiert wird.

Wer bist du? Ein himmlisches Wesen. Geschaffen und doch nicht einmal das. Geschaffen aus dem Nichts. Eine Illusion, die lebt. In der dritten Dimension. „Nur" in der dritten Dimension. Als Mensch. Es gibt andere Dimensionen. Dort lebt ihr auch. Anders. Nicht als Menschen. Anders. Aber ihr lebt. Ebenfalls als Illusion aus einer noch anderen „Sicht". Anderer Dimensionen. Sie können als „höher" bezeichnet werden, wenn ihr sie durchnummerieren wollt. Was manche Menschen tun. Auch Wesen aus anderen Dimensionen. Dadurch ergibt sich die Begriffswelt des „höher" oder „niedriger". Bei den Dimensionen. Nicht zu verwechseln mit einer Wertung ihrer Bedeutung. Alles und alle sind wichtig. Für das Ganze. Ohne das kleinste Detail ist nichts ganz. Und es geht immer um das Ganze. Nicht mehr. Nicht weniger. Das Ganze ist Gott. Ist. Punkt.

Wer bist du? Du bist ein Funke Gottes, in dem sich das ganze göttliche Feuer spiegelt. Du bist ein Tropfen des ganzen Ozeans, in ihm mit ihm verbunden, nicht getrennt, eins. Trennung vom Ganzen ist ein Konzept, ein Modell, zur Erklärung der Welt, wie Ihr sie seht. Als Menschen. Was legitim war und ist. In der Zeit, in der ihr lebt. Es wird anders werden. Ein Grund für meine Worte. Damit euer Verstand vorbereitet wird. Auf das, was kommt. Das Ganze kommt. Unaufhaltsam. Es drängt ins Bewusstsein der Menschen. Die dadurch bewusster und damit vollständiger werden. Was sie immer waren. Was ihr nur vergessen habt. In der dichten Struktur, in der ihr lebt.

Wer bist du? Wer seid ihr? Ihr seid eins. Eins mit allem was ist. Ihr seid alles was ist. Geschaffen oder nicht. Gleich dem Nichts und doch nicht nichts. Eure Sprache genügt nicht, das auszudrücken, wer ihr seid. Die Sprache ist Spiegelbild der Zeit, in der Ihr lebt. Sie spiegelt Konzepte. Mentales, Emotionales. Konzepte, Modelle. Nicht die Wirklichkeit. Die Wahrheit als Ganzes. Das kann sie nicht. Eure Sprache. So wenig wie ihr voll bewusst seid. Noch nicht. Die Sprache wird sich verändern. Mit Eurem Bewusstsein. Sie wird sich verändern und dann verschwinden. Aufgrund ihrer Begrenztheit. Im Ausdruck. Sobald ihr eure Begrenztheit überwindet. Ihr seid bereits dabei, die Begrenztheit zu überwinden. Ein Prozess. Nicht aufzuhalten. Lebt ihn. Als Menschen. Genießt ihn. Mit Freude. Freude fördert den Prozess. Freude ist Liebe ist Leben. Ausdruck des Ganzen im Teil.

Habt Teil am Ganzen. Ihr seid das Ganze. Jeder und jede von Euch. Ihr seid alles. Ihr seid.

Alatee.

---

# Alles Wissen kann nicht Alles sein

*7. August 2008*

Über alles was ist. Lasst uns über alles was ist reden. Was ist Alles? Alles ist Gott. Menschen, Tiere, Pflanzen, Steine, Sand, Wasser und so weiter. Auf der Erde. Doch es gibt nicht nur die Erde. Es gibt viele Planeten. Es gibt nicht einmal nur euer Sonnensystem. Das haben euch bereits eure Wissenschaftler erzählt und bewiesen. Es gibt viele Sonnensysteme. Dass es auch viele Dimensionen gibt, vor allem solche, die ihr euch gar nicht vorstellen könnt, das gilt als theoretische Behauptung. Mancher Physiker und Mathematiker. Oder von Philosophen oder, oder.. wie auch immer.

Es gibt viele Dimensionen. Dabei ist es noch nicht einmal wichtig wie viele. 13. Mehr oder weniger. Was macht das für einen Unterschied? Ab einer gewissen Dimension. Schon ab der fünften, ist dies alles nicht mehr wichtig. Vielleicht jetzt wichtig. Für manche von Euch. Die in der dritten Dimension nach mehr Wissen, nach mehr Erkenntnis Streben. Doch gerade das Streben ist ein Problem. Kein Großes zwar. Aber immerhin ein Problem. Nein. Nennen wir das Problem lieber Hemmnis. Ein Hemmnis auf dem wahren und einzig wirklichen Weg der Erkenntnis. Der verschleiert wird durch Aktionen das Ego, der Persönlichkeit. Die meint, immer wieder durch „Lehrbuchwissen" könne sie noch weiser werden. Und irgendwann den „Durchbruch" schaffen.

Es mag schon sein. Wissen nährt den Verstand. Es befriedigt ihn auf gewisse Weise. Es trägt sogar dazu bei, der wahren Erkenntnis den Weg zu ebnen. Es kann dazu beitragen - Es kann allerdings auch hemmen. Immer dann, wenn in besagtem Wissen ein Absolutheitsanspruch zum Ausdruck kommt. „Es kann nicht anders sein, als…". Das meine ich damit. Es kann ALLES sein. Weil alles ist. So einfach ist das. Und wenn ihr das verstanden habt, dann habt ihr viel Hemmnis aus dem Weg geräumt. Auf dem Weg, der zu wahrer Erkenntnis führt. Wahre Erkenntnis bedeutet übrigens, dass ihr gar keine Erkenntnis mehr haben müsst. Ihr seid dann. Das ist mehr als alle Erkenntnis. Ihr versteht das nicht. Noch nicht. Nicht schlimm. Dafür seid ihr Menschen im Jetzt. In Eurer Zeit. Teil des Spiels des Lebens.

Haben wir nun über „Alles" geredet? Im Grunde ja. Allerdings wird euch das nicht genügen. Was ist „Alles"? Alles ist bunt, ist groß, ist weit, ist viel, ist jeder, jede und jedes, immer, überall, zeitlos, raumneutral. Wie hört sich das an? Unvorstellbar? Stimmt! Das ist Alles. Alles ist unvorstellbar. Ihr könnt es Euch mit dem Verstand nicht vorstellen. Obwohl alles genauso unvorstellbar wichtig ist. Wichtig für das Ganze. Damit wichtig für alle Teile. Das Beruhigende daran ist, ihr müsst es euch nicht vorstellen können! Es genügt, dass andere Teile des Ganzen sich Teile dessen „vorstellen" können, was ihr euch nicht vorstellen könnt. Ich verwende den Begriff „vorstellen", obwohl das bei den anderen Teilen nicht das Vorstellen ist, das Ihr kennt. Unerheblich. Im Moment. Also. Gäbe es nicht diese anderen Teile, die sich das vorstellen können, was ihr euch nicht vorstellen könnt, dann gäbe es das andere überhaupt nicht. Es existiert nur, was geschaffen wurde. Sonst nichts. Sonst NICHTS.

Und jetzt kommt es: Von der Quelle aus gesehen ist auch das was geschaffen wurde NICHTS. Damit ist ALLES NICHTS. Das alles ist wirklich kein Widerspruch. Auch, wenn euer Verstand das so interpretiert. Wer interpretiert, ist euer Verstand, seid ihr als Mensch. Macht euch das bewusst! Der Verstand ist nicht alles. Genauso wenig wie euer Gefühl und andere Dinge, wir ihr sie als Menschen benennen mögt. Sie sind nicht alles. Sie sind nicht nichts. Und doch beides auch. Von einer anderen Ebene aus „betrachtet". In diesem Sinne wünsche ich eine gute Nacht.

Alatee.

---

# *Gefühle individuell und kollektiv*

*9. August 2008*

Hallo, hier spricht Alatee. Ich grüße dich und euch. Wie geht es euch? Wie geht es dir? Bist du traurig? Seid ihr traurig? Lasst uns über Gefühle reden.

Was sind Gefühle? Sie gehören zum Menschsein, wie der Wein zu den Trauben. Vielleicht versteht ihr den Vergleich. Wein wird aus Trauben gemacht. Er geht aus Trauben hervor. Allerdings reichen Trauben alleine auch nicht für einen guten Wein. Dazu braucht es noch ein paar Dinge mehr. Und etwas, das alles zusammenbringt. Damit aus dem Wein ein guter Wein wird.

Gefühle sind wie Wein. Aus Süß und manchmal Bitterem gemacht. Wie der Wein aus süßen oder manchmal bitteren Trauben. Je nach Weinsorte… Aber es braucht mehr für die Gefühle als nur euch. Wundert euch das? Wo es doch immer heißt, „Gefühle sind ein Teil des Menschen", ihr habt einen „Emotionalkörper" und so weiter? Das ist nicht falsch, wenn ihr euch Menschen als nicht getrennt wahrnehmt. Gefühle werden nicht aus EINEM Menschen gemacht. Ebenso wenig wie Wein nur aus Trauben gemacht wird. An dem, was ihr als Gefühle fühlt, ist viel mehr beteiligt. Im wahrsten Sinn des Wortes. BETEILIGT. Gefühle sind ein Teil des Menschen. Allerdings ist der Mensch nicht geteilt. Menschen sind nicht aufgeteilt. Nicht in mehrere. Auch, wenn es so scheint. Und von daher ist es nur logisch, dass auch Gefühle nicht „nur" einem Menschen zugeschrieben werden sollten.

Ihr widersprecht mir? Ihr meint, kein anderer Mensch könne so fühlen wie ihr? Kein anderer Mensch steckt in eurer Haut? Das stimmt schon. So wie ihr die Welt seht. Ich sehe sie ein bisschen anders. Wenn ich sie anders sehen will. Es mag sein, dass kein Mensch, der sich, so wie ihr, als getrennt von allen und allem andern wahrnimmt, so fühlt wie ihr. Das ist menschlich (verständlich) aus Menschensicht. Und dennoch: Es gibt anderes und mehr, das diese Logik auf den Kopf stellt. Und nach dieser auf den Kopf gestellten Logik gehen Gefühle niemals nur von einem Menschen aus und werden auch niemals nur von einem Menschen gefühlt. Gefühle sind universell. So wie alles Wissen, was ihr als separates Wissen zu haben glaubt. Manchmal jedenfalls. Grundsätzlich kann jeder Mensch auf alle Gefühle und alles Wissen zugreifen, das in der Existenz vorhanden ist. Und diese Existenz ist für euch Menschen unvorstellbar groß. Nicht begrenzt. Schon gar nicht durch die dritte Dimension. Zugleich konzentriert sich die Existenz auf einen einzigen Punkt. Ihr könntet sie deshalb auch gerne als unvorstellbar klein bezeichnen. Selbst das macht keinen Unterschied.

Gefühle erfreuen. Gefühle schmerzen. Warum tun sie das? Die Frage ist nicht wichtig für euer höheres Selbst. Sie ist wichtig für euer Ego, eure menschliche Persönlichkeit. Deshalb lasst uns über diese Frage sprechen. Ihr freut euch über oder an etwas oder jemandem. Ihr fühlt Schmerz, weil euch irgendetwas oder irgendjemand verletzt hat. Seht ihr den Zusammenhang zu dem, was ich vorhin gesagt habe? „Irgendetwas" oder „Irgendjemand" scheint etwas oder jemand zu sein, getrennt von euch. Gefühle entstehen in Wechselbeziehung zu etwas oder jemand „außerhalb" von euch. Womit wir wieder beim Wein und den Trauben wären.

Dennoch steckt im Wein die Essenz der Traube, so wie in euren Gefühlen Essenz von euch steckt. Die von euch gefühlten Gefühle seid im Wesentlichen ihr. Teil von euch und Teil von allem in einem. Das alles ist wahr und kein Widerspruch. Alles ist möglich. Nichts ist unmöglich. Auch das ist wahr.

Haltet ihr Gefühle in Träumen für „echt"? Fühlt ihr im Traum anders oder genauso wie im „wachen Zustand"? Wo ist der Unterschied zwischen dem Wesen, das ihr im Traum seid und fühlt. Zu dem Wesen, das ihr wach seid, wenn ihr fühlt. Fühlt es sich anders an? Ihr könnt kaum Unterschiede benennen. So ähnlich ist es mit euch und anderen Menschen – alle im wachen Zustand. Ihr fühlt viel ähnlicher, als ihr es wahr haben wollt, weil ihr die Trennung mögt. Trennung ist das Problem. Die Lösung liegt in euch. So nah. So greifbar nah. Nicht eine Stecknadel breit von euch entfernt, Ihr könnt sie sehen, wenn ihr wollt. Und leben.

Liebe ist kein Gefühl. Das sei noch gesagt. Liebe ist anders. Das macht es auch so schwer. Liebe zu beschreiben. Wer von euch vermag den Begriff der Liebe emotional zu beschreiben und dabei alle Aspekte zu erfassen? Wahre Liebe hat keine Aspekte. Sie ist. Sonst nichts. Wenn ihr seid, dann seid ihr Liebe. Eine Logik derer es nicht bedarf, die euer Verstand dennoch verstehen will. Wir gönnen ihm diese Freude. Die wiederum ein Gefühl ist. Verstand und Gefühl in Wechselbeziehung. Verstand und Gefühl auf gleicher Ebene der Existenz. Auch das ist wahr. Aus einer Sicht, die ihr frei seid zu wählen. Freier als euer Verstand und euer Gefühl jemals sein können. Denn sie sind nicht. Weder frei noch überhaupt. Sie sind eine bewusst geschaffene Illusion, die es zu leben gilt. Durch euch. Als Mensch. In eurem Wesenskern seid ihr frei. Frei von Verstand und Gefühl.

In Liebe. Alatee.

---

# Facetten göttlichen Lichts

*10. August 2008*

Hallo, hier ist Alatee.

Wir bewegen uns immer noch in einer blauen Lichtphase. Vieles wird bestimmt durch ein klares Blau. Es ist da. Auch wenn ihr es nicht sehen könnt. Es wirkt durch eine Dimension, die ihr nicht kennt. Blaues Licht ist nicht „nur" ein Frequenzband aus dem elektromagnetischen Spektrum, wie es eure Physik beschreibt. Blau ist universell. Blau ist Klarheit. Blau ist Stärke und Zuversicht. In menschlichen Qualitäten ausgedrückt. Blau kommt von einem Planeten, der noch blauer ist als Eure Erde, wenn man sie aus dem Weltall betrachtet. Blau ist eine beruhigende Farbe. Beruhigend soll sie auch sein, in euren stürmischen Zeiten.

Ihr lebt in stürmischen Zeiten. Ihr könnt es äußerlich daran erkennen, wie schnell ein Krieg quasi aus dem Nichts entsteht. Von jetzt auf gleich ist er da. Gibt es Tote, Verletzte – und die übrige Welt ist entsetzt, wie so etwas „passieren" konnte. Stürmische Zeiten. Kein Wunder auch, dass ihr jetzt gerade ein Jahr des blauen Sturms durchlauft. Blau ist stärkend und schützend. Ihr verwendet teilweise blau eingefärbte Symbole, um genau das zum Ausdruck zu bringen. Dabei seid ihr euch der tieferen Bedeutung dieser Farbwahl meistens nicht bewusst. Die Vorstellung von klarem Blau vor eurem geistigen Auge kann euch stärken. Vielleicht erinnert ihr euch daran. Wenn ihr euch schwach fühlt. Irgendwann.

Es gibt einen Planeten namens Alpha Centauri. Von diesem Planeten geht sehr klares blaues Licht aus. Noch einmal. Dieses Licht ist nicht gleichbedeutend mit dem, was ihr mit euren menschlichen Augen als „blaue Farbe" seht. Insofern sollte ich es vielleicht gar nicht als Farbe sondern eher als Energiequalität bezeichnen. Eine Energiequalität, deren Kraft symbolisch durch „Blau" ausgedrückt wird, was ihr mit euren Augen als Farbe sehen oder euch auch so vorstellen könnt.

Ihr seid mit diesem Planeten sehr viel stärker verbunden, als euch bewusst ist. Allerdings ist das, was ich als „Planet Alpha Centauri" bezeichne auch nicht das gleiche wie das, was euren Astronomen als Sternbild Alpha Centauri geläufig ist. Bedenkt, dass eure Astronomen sich in der dritten Dimension bewegen und aus Sicht der dritten Dimension auch „nur" Drittdimensionales beschreiben. Nehmt das als Information. Sie wurde schon mehrfach übermittelt. Allerdings ist die Bedeutung dieser Verbindung zwischen Alpha Centauri und der Erde kaum vermittelbar. Kaum verständlich. Für euren Verstand. Und dennoch: Alpha Centauri stärkt die Erde, euch und alles andere, was auf und in der Erde lebt. Mit der Energiequalität, die Alpha Centauri ausstrahlt. Wie ein großer Bruder seinem kleinen Bruder hilft. Grundlage dieser Hilfe ist die Liebe, die es sowohl zwischen Brüdern als auch zwischen Planeten gibt.

Es mag euch seltsam erscheinen, dass ich sage, auch Planeten könnten lieben. Es ist so. Dass die Erde euch liebt, mögt ihr weniger bezweifeln. Denn täte sie das nicht, gäbe es die Menschheit schon lange nicht mehr. Stellte sie nicht alles bereit, was ihr zum Leben und Überleben braucht, gäbe es euer Leben nicht. Wenn also die Erde die Menschen lieben kann, warum sollte ein Planet namens Alpha Centauri nicht die Erde lieben können? Auf universelle göttliche Weise? Nicht so, wie ihr „Liebe" definieren würdet. Liebe lässt sich nicht definieren. Nicht mit menschlichen Begriffen. Ihr könnt Spiegelungen der wahren Liebe beschreiben. Wahre Liebe ist. Nicht beschreibbar. So ist es auch mit der Liebe zwischen Planeten.

So wie Alpha Centauri die Erde liebt, so liebt Alpha Centauri alles, was auf und in der Erde lebt. Und so könnt ihr euch an seinem blauen Licht stärken. Grundsätzlich jederzeit. Probiert es aus, allerdings solltet ihr achtsam mit diesem Licht umgehen. Zuviel davon in zu kurzer Zeit könnte euch zu schnell in eurer Schwingungsfrequenz verändern. Versucht vor allem nichts zu zwingen. Das Licht kommt zu euch zur rechten Zeit. Es genügt sich dafür zu öffnen. Es sich hin und wieder bewusst zu machen. Ihr werdet sehen. Das genügt nicht nur, es ist der beste Weg. In dieses Licht zu kommen. In diesem Licht zu sein. Eine Facette göttlichen Lichts.

Alatee.

# Beschränkung durch Form, Raum, Zeit

*18. August 2008*

Hallo, hier ist Alatee. Wer bist du? Stellst du dir diese Frage immer noch? Immer wieder, wie ich meine. Das ist auch gut so. Wenn ihr schon fragen wollt, dann stellt euch genau diese und nur diese eine Frage. Wer bist du? Wer bin ich? Ja, wer seid ihr? Alle eins. Und keiner ist nichts. Wieviel Wahrheit in diesen Worten liegt, könntet ihr verstehen, wenn ihr sie uneingeschränkt verstehen wolltet.

Lasst uns über die Einschränkung reden. Was ist eine Einschränkung? Eine Beschränkung? All das, was ihr euch als Grenze auferlegt. So einfach ist das. IHR legt die Grenzen dessen fest, was ist. Und was nicht ist. Wenn ihr das verstanden habt, habt ihr alles verstanden. Alles ist möglich. Nichts unmöglich. Ihr seid die Schöpfer Eurer Wirklichkeit und alle Begrenzung kommt durch euch beziehungsweise von euch.

Versucht nicht, die Verantwortung für Beschränkung einem eurer Mitmenschen zuzuschreiben. Eure Grenzen definiert ihr ohne Ausnahme immer selbst. Dass auch die andern im Grunde ihr seid, sei heute nur am Rande erwähnt. Doch es ist wichtig. Auch das zu verstehen. Das zu wissen. Beschränkt euch nicht selbst und ihr werdet reine Freiheit erleben können. Freiheit ist reine Wahrheit und beschränkt niemals. Freiheit ist das, was wirklich lebt und gelebt werden will. Hier auf der Erde in eurer Dimension. Noch seht ihr euch in der dritten Dimension, doch die ist auch nur eine Grenze, die ihr als solche seht, weil ihr sie sehen wollt. Anerzogen, gelernt, erfasst mit dem, was eure Eltern als „Sinne" akzeptierten und euch weitergaben. Dabei habt ihr so viel mehr. „Sinne" beziehungsweise Möglichkeiten. Nutzt sie und ihr „seht" über die dritte Dimension hinaus.

Beschränkung ist nicht notwendig. Eure als solche häufig empfundene „Not" wird jedoch die Wende bringen. Zu weniger Beschränkung, zu mehr Freiheit, zunächst zu Spiegelbildern wirklicher Freiheit. Das ist ein Weg. Der Weg, den die Erde mit euch geht. Ein Weg über Spiegelbilder zu dem, was im Ursprung der Spiegel liegt.

Es ist nicht wichtig, ob ihr persönlich diesen Weg zu Ende geht. Zeitlich eingeordnet, werdet ihr ihn in eurem jetzigen Dasein als Mensch nicht bis zum Ende gehen können. Aufgrund eures begrenzten Lebensalters. Auch das ist übrigens eine Beschränkung, die es nur gibt, weil ihr beziehungsweise „andere Menschen" sie sich in dieser Form auferlegt haben. Soll ich sagen: Gewünscht haben? Es ist so einfach. Wünscht anderes und es wird anders. Ganz einfach. Wer auch immer auf Erden nach euch folgt, ihr werdet dies auch sein. Ihr seid „dabei", ihr verpasst nichts, auch wenn ihr nicht mehr in euren jetzigen irdischen Körpern seid. Die euch so viel bedeuten. Lebt im Jetzt ebenso wie immer. Ihr lebt immer, auch wenn ihr das nicht versteht. Möglicherweise versteht ihr ein bisschen. Erkennt, dass das ein wichtiger Teil des Weges des Ganzen ist. Das „bisschen verstehen". Das ist schon viel. Ihr seid jetzt Teil des Weges, so wie ihr es immer ward und sein werdet. Zeitlich eingeordnet.

Zeit ist lange nicht so wichtig, wie ihr meistens glaubt. Zeit ist absolut und relativ. Ja. Genauso ist Raum. Raum und Zeit sind Spiegel des gleichen Ursprungs. Spiegel dessen, was gelebt sein will. Weil Aspekte der Quelle sie als Form definierten. Eine Form von Beschränkung. Letztlich. Genau betrachtet. Versteht ihr? Alles, was in eine Form findet ist Beschränkung und kann aufgehoben werden. Überall und jederzeit. Ihr müsst dafür nicht reisen und nicht auf morgen warten. Tut es einfach. Jetzt. Und die Welt um euch ändert sich. Unmittelbar. Immer schneller. In euren Zeiteinheiten gemessen. Denn die Anzahl derer, die verstehen, die um diese Zusammenhänge wissen, wächst. Die Anzahl Menschen. Das hilft, die Form der Beschränkung zu verändern. Alle Beschränkungen, die ihr kennt. Auch die, die ihr für nicht veränderbar haltet. Nichts ist ewig. Wie wahr sind diese Worte! Ihr braucht dafür nicht einmal etwas tun. Es genügt, wenn ihr zulasst. Alles unbeschränkt. Im Vertrauen auf Gott und euch. Was aus einem bestimmten Blickwinkel keinen Unterschied macht.

Wenn ihr in Liebe seid, seid ihr in unbeschränktem Fluss. Alle. In diesem Sinne grüße ich euch. Alatee.

# *Liebe und Wahnsinn*

*19. August 2008*

Hallo, hier ist Alatee. Lasst uns über Liebe und Wahnsinn reden.

Wahnsinn ist zunächst ein Wort, das wie viele andere Worte von euch „einfach so" ausgesprochen wird. Wer denkt schon darüber nach, wenn er nach einer großen Überraschung „Ist ja Wahnsinn!" ruft? Wahnsinn ist ein starkes Wort mit starker Energie. Die Wirkung dessen, dieses Wort auszusprechen ist stärker, als die meisten von euch annehmen. Was ist schon ein Wort?

Ein Wort ist viel. Worte sind auch Formen von Energie, die ihr erschafft. Oft liegt nicht einmal (viel) Zeit zwischen dem (gedanklichen) Erschaffen und dem Aussprechen eines Wortes. Schon ist es. Da. Energie in einer Form. Ihr verleiht dem Wort seine energetische Stärke. Indem ihr dadurch eine Wertung zum Ausdruck bringt.

Wahn-Sinn. Was heißt das? Wahn ist eine Urform von „Wohn". Zumindest aus dem Blickwinkel, den ich hier vertrete. „Wohn" werdet ihr vervollständigen wollen. Zu „Wohnung" oder „Wohnzimmer" oder „Wohnen". Was auch immer. Die meisten dieser vervollständigenden Begriffe beschreiben einen Ort, an dem ihr euch zu Hause fühlt. Genauer: geborgen, bei euch fühlt.

Was hat das Wohnen nun mit „Wahnsinn" zu tun? Das fragt ihr. Hier die Antwort. Wo ihr wohnt, ist euer zu Hause. Ist, wo ihr euch niedergelassen habt, wo ihr eure Seele baumeln lasst, wo ihr, wie ich schon sagte, ganz bei euch sein könnt. Daher gefällt mir übrigens der Spruch „Seele baumeln lassen" so gut. Ihr seid dann näher bei euch, bei eurer Seele, als sonst wo. Meistens zumindest.

Bleiben wir beim Begriff. „Wohn-Sinn". Was heißt das nun? Eine Erweiterung der bekannten menschlichen Sinne? Es mag seltsam klingen, aber so ist es. Gewissermaßen. Sinne haben mit dem Prozess der Wahrnehmung zu tun. So auch der Wahn- oder Wohn-Sinn. Wahnsinn nimmt wahr, wo (auch) euer zu Hause ist. So unglaublich das für Euch klingen mag. Wahnsinn ist nicht wirklich verrückt. Ist nicht wirklich seltsam, daneben, unnormal, außergewöhnlich oder überraschend. Auch nicht wirklich „krank". Wie gesagt, aus einem bestimmen Blickwinkel betrachtet. Der anders ist als die Blickwinkel, die ihr „normalerweise" irdisch menschlich habt.

Wahnsinn ist letztlich ein Ausdruck dessen, dass ihr (alle) mehr seid, als ihr zu wissen glaubt. Dass ihr alles seid, auch das, was euch der so genannte „Wahnsinn" manchmal glauben machen will. Damit sage ich nicht, dass Wahnsinniges immer wirklich oder wahr ist. Es kann genau das auch nicht sein. Wahnsinn ist ebenso in eine Form gebrachte Energie wie vieles andere auch. Ihr oder ich mögen das „Illusion" oder „Spiegelung" nennen. Das ist nicht wichtig.

Dafür. Wichtig ist, dass kein Unterschied besteht. Zwischen dem, was für euch „normal" und dem was für euch „wahnsinnig" ist. Von besagtem Blickwinkel aus betrachtet. Wie schon gesagt.

Was hat nun Wahnsinn mit Liebe zu tun? Diese Erklärung ist einfach. Ich kann sie kurz machen. Nichts. Denn außer Liebe ist alles nichts. Insofern stehen Liebe und Wahnsinn nicht auf einer Ebene, auf der ein Vergleich oder eine Zuordnung möglich wäre. Liebe ist. Sie tut nichts. Sie ist. Sie findet ihren Ausdruck in allen Energieformen, die ihr oder andere erschafft. Dort besteht der einzige Zusammenhang. Zu allem. Auch zum „Wahnsinn".

Liebt. Und ihr seid möglicherweise „wahnsinnig". Möglicherweise auch nicht. Es bleibt euch überlassen. Euch, die ihr auch nichts anderes seid als Ausdruck, als Formen von Liebe. So „wahnsinnig" das klingen mag. Das ist.

Alatee.

# *Werden im Fluss, zu wertfreier Polarität*

*24. August 2008*

Hier spricht Alatee. Lasst uns über „Fluss" reden.

Was heißt es, „in oder im Fluss zu sein"? Was heißt überhaupt „Sein"? Das ist überhaupt die zentrale Frage. Lasst uns darüber zunächst reden.

Sein heißt Da-sein. Präsent sein. Leben. Lieben. Sein ist eine Form von Liebe. Nicht mehr. Nicht weniger. Merkt ihr etwas? Wir kommen immer wieder auf die Liebe zu sprechen. Von vielen Themen, von vielen Seiten. Das ist genau, um was es geht. Lernt, dass ihr „nur" Aspekte von Liebe lebt. In der dritten Dimension. Auch, wenn ihr noch so sehr daran zweifelt, dass euer Leben nichts anderes als Liebe ist. Auch, wenn euch Schmerzen plagen, ihr verzweifelt seid. Auch DAS sind Aspekte von Liebe. Von einem bestimmten Blickwinkel aus betrachtet.

Es ist der Blickwinkel der Realität jenseits von dem, was ihr Extreme, Gegensätze oder Pole nennt. Manchmal zumindest. Wenn ihr euch eines elementaren Bausteins eurer Existenz bewusst seid. Ihr lebt in der Polarität. Noch lebt ihr in der Polarität deshalb unterscheidet ihr Gut und Böse, Schwarz und Weiß, Links und Rechts. Hell und Dunkel, Krieg und Frieden. Ich könnte dafür viele Beispiele nennen. Ihr kennt sie so oder so. Das sind „Pole". Doch der eine kann nicht ohne den anderen. Was wäre Gut ohne Böse? Böse ohne Gut? Was wäre Schwarz ohne Weiß? Weiß ohne Schwarz? Versteht ihr? Das Paradox eurer Existenz. Einerseits lehnt ihr das Böse ab, das Schwarze, den Krieg. Andererseits könnt ihr nicht ohne sie. Würdet ihr den Unterschied „sehen"? Wahrnehmen, was gut ist – ohne zu „wissen", was böse ist. Ihr bevorzugt „gut". Zumindest in den meisten eurer so genannten „Wertesysteme". Und dennoch braucht ihr das Böse um quasi das Gute zu erkennen. Ist also das „Böse" wirklich schlecht?

Irgendwie verrückt, wenn ich das so darlege, oder?

Nun wird sich daran langsam aber sicher etwas ändern. Immer schneller. Es wird irgendwann keine Polarität mehr geben. Das heißt nicht zwingend, dass es kein Schwarz oder Weiß mehr geben wird. Es heißt zunächst, dass ihr aufhören werdet, schlecht als schlecht und gut als gut zu werten. Wenn ihr das geschafft habt, seid ihr schon sehr viel weiter als jetzt. Dann habt ihr die Stufe der Wertfreiheit, der Urteilslosigkeit erreicht. Ein Schritt heraus aus der dichten Materie. Hinein ins Licht. Näher an das, was Liebe im Kern ist. Näher an die Erkenntnis, dass alles Liebe ist. Also auch das Schlechte – das ihr dann nicht mehr als „schlecht" nach euren jetzigen Maßstäben anseht. So einfach wird das sein! Es ist sehr einfach. Ihr werdet sehen!

Zum Sein gehört genau dieser Schritt. Versteht auch das nicht falsch. Ihr seid jetzt auch. Allerdings noch recht weit entfernt vom Kern des wahren Seins. Und versteht auch das nicht falsch! Damit werte ich euch nicht ab. Denn das, was ich sage, ist per se wertfrei. Nehmt es als Hinweis zum besseren Verständnis des Seins aus eurem aktuellen Blickwinkel.

Was hat nun das Sein mit dem Fluss zu tun, oder der Fluss mit dem Sein? Fließen bedeutet Bewegung und das macht das Sein über das Werden zum Sein. Ihr seid immer und überall. Trotzdem bedeutet Sein auch Werden. Immer wieder werden. In allem, mit allem und durch alles, was ist. Ein Fluss, der Zeit und drittdimensionalen Raum „weit" überschreitet. Ich verwende den Begriff „weit", obwohl alles ganz nah ist. Ihr könntet es greifen, wenn eure Hände dafür geschaffen werden. Sie sind es nicht. Nicht hier und jetzt. Der Fluss geht über alle Existenzen und Dimensionen hinweg. Er ist Teil des Seins und eine Natur, eine Art, eine Quelle, ein Aspekt des Seins. All das, was ich hier sage ist wahr aus einem bestimmten Blickwinkel betrachtet. Der übrigens auch im Fluss ist. Wie alles, was ist.

Fluss ist Bewegung. Nur durch Fluss verändert ihr euch und die Erde. Ein Ziel im großen und ganzen Sein. Eure Aufgabe als Menschen. Ihr habt sie gewählt, bevor ihr Menschen wurdet. Ihr habt sie vergessen und erinnert euch trotzdem. Teile eures Bewusstseins erinnern sich. Teile eures Bewusstseins, die verbunden sind, mit allem, was ist. Mit dem, was ihr auch seid. Mit anderen Aspekten von euch, die euch jetzt nah sind, weil ihr auch das so gewählt habt. Als Teil der Quelle, die in euch ist.

Verwirren euch meine Worte? Das sollte euch nicht stören. Lasst euch nicht abbringen von eurem Weg. Euer Weg ist Fluss. Geht ihr euren Weg. Seid ihr im Fluss. Ihr könnt nicht in die Irre gehen. Auch, wenn es euch manchmal so scheint. Auch Irrwege sind Teil des Wegs, der gegangen werden will. Nichts ist falsch. Alles ist gut. Denkt an meine Worte von vorhin. Meine Worte über die Polarität und die Wertfreiheit. Damit schließt sich der Kreis. Ein Kreis, der in Wahrheit eine Spirale ist. Ihr könnt nicht stillstehen. Alles, was ihr aufnehmt, verändert euer Bewusstsein. Auch meine Worte. Ihr bewegt euch niemals im Kreis. Auch das, ein Irrtum. Ihr bewegt euch auf einer Spirale. Falls ihr dafür ein euch verständliches Bild nehmen wollt. Mögen dies auch Aspekte von euch sein, die ihr (noch) nicht wahrnehmt. Diese Aspekte sind immer da. Zeitlos und raumneutral. Sie halten euch, auch wenn ihr auf dem irdischen Pfad glaubt, ins Schlingern oder gar vom Weg abgekommen zu sein.

Habt Vertrauen! Ihr seid eins. Erinnert euch an diese Worte. Ihr seid nicht nur eins als Menschheit, ihr seid eins mit allem, was ist. Ihr seid auch eins mit der Erde, die euch hält und die ihr haltet. Gemeinsam fließt ihr, im Fluss der Zeit und des drittdimensionalen Raumes. Euer Bewusstsein verändert sich, dritte und höhere Dimensionen verbinden sich.

Das ist. Der Fluss, der von der Quelle ausgeht und in sie hineinfließt. Der Fluss hat viele Aspekte, so wie die Quelle und alles, was von ihr kommt.

Alatee.

---

# Versuchung, Versuch, Suchen

*12. September 2008*

Hallo, hier ist Alatee. Wie haben lange nicht geredet und geschrieben! Es ist deine Zeit, nicht meine, die wir gewartet haben. Nein. In gewisser Hinsicht ist es auch meine. Du verstehst das. Inzwischen. Also.

Lasst uns über Versuchung reden. Die Versuchung ist groß! Fast schon ein geflügeltes Wort in eurer Sprache. Aber was ist Versuchung wirklich? Versuchung hat mit Versuch zu tun. Das liegt schon im Begriff eurer Sprache. Versuch und Irrtum liegen oft nicht weit auseinander. Auch das, nicht sonderlich neu. Sagt ihr. Ich höre das. Und dennoch! Versuchung ist anders als Versuch. Versuch ist positiv, Versuchung negativ. Gemeinhin. Negativ belegt. „Führe uns nicht in Versuchung" betet ihr, wenn ihr Christen seid. Und habt Angst, trotz Gebet in Versuchung „geführt" zu werden.

Wer führt? Wer führt, seid ihr, bist du. Niemand sonst. Kein anderer. Wenn ihr also in Versuchung geratet, dann habt ihr das gewollt. Sonst niemand. Niemand anders als ihr! So einfach das klingt, so schwierig ist es zu verstehen. Ihr sucht gerne „Schuld", bei anderen. Das ist einfacher. Meint ihr. Dann hat es nichts mit euch zu tun. Hofft ihr. Es hat immer mit euch zu tun. Sonst wärt ihr nicht Mensch und nicht alles. Und das ist. Wirklich.

Also noch einmal. Wer führt, das seid ihr. Ihr führt euch. Jeder sich und alle alle. Und wenn ihr euch entscheidet, euch „in Versuchung" zu führen. Dann tut ihr es.

Nun gestattet mir eine Frage. Nehmen wir einmal an, dass das stimmt, was ich hier sage. Und ihr führt euch. Warum solltet ihr euch selbst in Schlechtes führen? Ist das logisch? Masochisten tun dies. Manchmal. Sie quälen oder verletzen sich absichtlich. Und gelten als „nicht normal". Heißt, die meisten von euch sind keine Masochisten und verletzen sich nicht absichtlich selbst. Wer führt sich noch in Schlechtes? Jemand der glaubt, das Schlechte sei gut. Glaubt er dies allerdings, so ist das „Schlechte" für ihn nicht schlecht. Denn er wertet anders als die, die sagen es sei schlecht. Womöglich hält er/sie dieses von andern als „schlecht" Bezeichnete sogar für sehr gut? Merkt ihr worauf ich hinaus will? Wer legt fest, dass Schlechtes wirklich schlecht ist? Wer legt fest, dass Gutes wirklich gut ist? Ist etwas schlecht oder gut, weil eine „Mehrheit" so geurteilt hat? Weil das Gesetz einer Gruppe von Menschen dies so vorschreibt? Denkt darüber nach. Das ist, worum ich euch bitte.

Kommen wir zurück zur „Versuchung". Also. Wenn wir annehmen, dass ihr euch immer selbst führt. Also auch ggf. in Versuchung führt. Und ihr euch „normalerweise" selbst in nichts Schlechtes führt. Dann kann die Versuchung per se nicht schlecht sein. Oder? Also wäre Versuchung neutral. Irgendetwas. Ein Teil eures Weges, für den ihr euch entschieden habt. In den oder auf den eure Reise des Lebens führt.

Das berührt seltsam, nicht wahr? Ist die „Versuchung" „gut" oder mindestens neutral.... Müsst ihr dann davor Angst haben? Warum Angst haben vor etwas, das „gut" für euch oder mindestens neutral ist? Denkt auch darüber nach.

Im genaueren Verständnis des Wortes können wir Versuchung einfach mit Versuch gleichsetzen. Das vereinfacht Vieles! Im spontanen Verständnis. Wie wirkt es auf euch, wenn ihr den Satz hört „Führe uns nicht in einen Versuch!" Ganz anders als bei der ursprünglich „negativ" belegten Versuchung. Macht es einen Sinn für euch, dass ihr euch selbst nicht in „einen Versuch" führen sollt? Wohl kaum. Das ganze Leben ist „Versuch". Ist Ausprobieren, ist.

Ver-such. Wer-sucht? Du, ihr, alle suchen. Ihr sucht. Im Wesentlichen euch, euer wahres Selbst. Im Leben. Dafür seid ihr hier. Viele erkennen dies nicht. Die Suche nach dem „Sinn des Lebens" ist verbreiteter als die Suche nach „dem Selbst". Wenn ihr euer Bewusstsein für einen Moment, der sich nicht in Zeiteinheiten messen lässt, vom menschlichen Denken löst, erkennt ihr mehr. Nein, ich sollte sagen, erkennt ihr nichts mehr. Denn ihr seid. Und sucht nicht. Ihr findet. Weil ihr gefunden seid. Ihr habt nicht gefunden, denn finden ist ein „Akt", eine Handlung, ein Tun, gebunden an den Prozess, an den Lauf der Zeit. Findet ihr, so seid ihr. Alle eins. Das Ende von Versuchung und Versuch. Dann ist es gleich. Meine Erklärung ein Teil des Weges, den ihr geht. In der Zeit. Möge sie hilfreich sein!

Alles Liebe

Alatee.

_____

# Manifestation

*16. September 2008*

Ich bin Alatee. Ich bin. So wie du und ihr. Was gibt es heute zu sagen? Lasst uns über die Zeit und die Ewigkeit reden.

Heute, gestern, morgen. So beschreibt Ihr Zeit. Zeit ist relativ. Ohne Zeit gibt es kein Leben. So denkt ihr, als Menschen. Dabei ist Zeit nicht „nur" relativ. Zeit ist auch absolut. Nicht neu? Meint ihr? Natürlich nicht neu, wenn ihr von einem bestimmten Datum sprecht. Ein Beispiel. Der 19.09.1909. Ein absolutes Datum. Klar. Und doch nicht so klar. Dieses Datum steht für einen Tag und dieser Tag hat wiederum 24 Stunden, jede Stunde 60 Minuten, jede Minute 60 Sekunden. Alles, was am 19.09.1909 passiert ist, war nicht nur absolut an diesem Tag, sondern wiederum relativ zu allem, was an diesem Tag davor oder danach passiert ist. Versteht ihr, was ich meine? Ihr versteht Zeit immer relativ, auch wenn ihr sie noch so gerne absolut beschreibt. So, wie ihr lebt, ist und bleibt Zeit relativ. Dennoch ist es wahr, wenn ihr sagt, Zeit sei auch absolut. Sie ist in Wahrheit absolut, nur anders als ihr denkt.

Zeit ist absolut, weil Zeit eine ewige Größe ist. Alles, was jemals geschaffen wurde, also auch die Zeit, ebenso wie der Raum als dritte Dimension, ist ewig und damit zeitneutral. Ewiger Teil des Ganzen und von diesem aus ewig zugänglich.

Absolut heißt manifest. Setzt „manifest" als anderen Begriff. Vielleicht versteht ihr dann besser, was ich meine. Zeit manifestiert sich in allem und jedem, was als Zeit, ihr würdet sogar sagen „in der Zeit" geschaffen wird. Ich sage „geschaffen wird", um in der Gegenwart zu bleiben, die niemals relativ ist.

Die Gegenwart ist weniger als ein Augenblick, wenn man sie in Zeiteinheiten messen wollte. Sie ist so „kurz", dass sie nicht messbar und dennoch erfahrbar ist. Ihr erfahrt die Gegenwart an ihren Auswirkungen in der Zukunft. Die Gegenwart folgt in gewisser Hinsicht auch der Vergangenheit. Ich sage „in gewisser Hinsicht", weil das nicht alles ist, dem sie folgt.

Zeit hat also etwas mit dem Akt der Schöpfung zu tun. Jeder noch so kleine Funke, der von der Quelle ausgesandt wurde, verfügt über die Macht, zu erschaffen und damit zur Schöpfung beizutragen. Immer und überall. Auf allen Ebenen in allen Dimensionen der Existenz. Versteht, die Erde und das Universum sind nur ein Teil der Existenz – eine dichte Form, zugleich eine Ausprägung der Existenz, in der sich auch die Zeit als elementare Größe manifestiert. In anderen Teilen der Existenz spielt Zeit keine Rolle. Es ist möglich, von diesen Ebenen aus zu manifestieren, so wie es von eurer Ebene aus möglich ist. Aus Sicht eurer Existenz war eine Manifestation in den „vergangenen Jahrtausenden" nur innerhalb eures Teiles der Existenz möglich. Das ändert sich. Es hat sich bereits geändert.

Ihr könnt nun auch in andern Teilen der Existenz manifestieren, sofern ihr den Zugang dazu findet. Der Zugang liegt in eurer Zeit und doch nicht in eurer Zeit. Das ist kein Widerspruch! In eurer Zeit gemessen, ist die Erde mit allen und allem, die mit ihr verbunden sind „jetzt" „weit genug entwickelt", diese Möglichkeit zu eröffnen. Dennoch befinden sich die Teile der Existenz, in denen ihr jetzt und „zukünftig" manifestieren könnt, nicht auf der Erde. Ihr findet sie nicht in euren Körpern und trotzdem in euch. Ihr findet den Zugang in der Gegenwart. In diesem einen, nicht messbaren kleinen Punkt auf eurer Zeitskala. Öffnet euch dafür. Sucht nicht danach. Und ihr werdet sehen, von was ich gesprochen habe. Noch ist das „kaum vorstellbar", nach irdisch menschlicher Vorstellung. Dennoch ist das. Genau das.

Im Grund ist sonst gar nichts. So einfach ist das. Alles Liebe.

Alatee.

# Du und ich. Wir und ihr.

*2. Oktober 2008*

Hallo, hier ist Alatee. Wir haben lange nicht gesprochen. Mach dir deshalb keine Sorgen. Wir sollten heute über eine Sache reden, die dich, die euch schon länger beschäftigt. Ich weiß, dass Sie euch beschäftigt. Warum sage ich meistens „Ihr" und nicht „Du"? Und manchmal „Du"? wenn ich Euch/Dich anspreche?

Die Frage ist unerheblich. Die Antwort ist es auch. Du bist Ihr und Ihr seid Du. So einfach ist das. Auf einer anderen Ebene als der, auf der Ihr Euch voneinander, Du dich von anderen getrennt siehst. Ich sage lieber „Ihr", weil das bereits einen Teil der Trennung aufhebt. Was ich sage, gilt für Euch als alle, als Ganzes, nicht nur für ein „Du", einen Einzelnen, der nicht Alles wäre. So einfach ist das. Und doch so schwierig für den Verstand, nicht wahr? Lassen wir es dabei. Und gestattet mir, dass ich die Begriffe variabel austausche. Manchmal ist es tatsächlich noch besser, „Du" zu sagen. Dann, wenn Ihr dazu neigt, lieber in der „Masse" des „Ihr" zu verschwinden. Dann, wenn Ihr, nein, sagen wir es genauer. Wenn ein Teil von Euch dazu neigt, sich der Verantwortung zu entziehen. Wenn ein Teil von Euch meint, mit einem „Ihr" seien genug andere auch angesprochen. Die werden „es schon richten". So oder ähnlich mag ein Teil von Euch manchmal reagieren. Ein Teil von DIR mag so manchmal reagieren. Um dem vorzubeugen, dass Ihr euch eurer Verantwortung entzieht, die Ihr alle tragt, jeder einzelne und alle zusammen, dann verwende ich gerne das „Du". DU bist verantwortlich. Nicht „die andern"! Insofern solltet Ihr doppelt wachsam sein, wenn ich „Du" sage. Ihr versteht jetzt, wie ich das meine.

Übrigens verhält es sich mit den Formulierungen „Wir" beziehungsweise „Ich" genauso. Ich kann „Ich" sagen, wenn ich von mir spreche. Oder auch „Wir". Es gibt auch hier keinen wirklichen Unterschied, der von irgendeiner Bedeutung wäre. Auf der Ebene, aus der ich Euch die Dinge zu erklären versuche. Ich – bin nicht singulär. Ich bin nicht getrennt von allen anderen, die mit mir sind. Genau so wenig, wie ich von euch oder von dir getrennt bin. „Ich" sage ich, sagen wir dann, wenn wir glauben, es hilft euch, mit mir, mit uns ein konkretes Wesen zu identifizieren. Wir sind in diesem Sinn nicht ein Wesen. Und trotzdem sind wir ein Wesen. Nur eben anders. Das ist paradox. Und wiederum völlig logisch.

Lasst uns die Dinge also nicht unnötig kompliziert machen. Stört euch nicht an Begriffen des „Ich", „Du", „Wir" oder „Ihr". Nehmt diese Begriffe neutral, wertfrei. Denn das ist das Einzige, was sie wirklich sind. Wenn wir ihnen eine Existenz zuschreiben möchten. Lenkt Eure Aufmerksamkeit nicht darauf. Das wird euch euren Weg leichter machen.

In Liebe, Alatee.

# Innere Weisheit

*4. Oktober 2008*

Hallo, hier spricht Alatee. Lasst uns über Weisheit sprechen, denn es ist wichtig, weise zu sein.

Weisheit bedeutet Lieben. Lieben bedeutet Weisheit. Wahre Weisheit ist gleichbedeutend mit wahrer Liebe. Wenn Ihr liebt, dann tragt Ihr alles Wissen in euch, das existiert. Auch das Wissen, was nicht existiert. DAS ist Weisheit. Eine Verbindung des Existenten mit dem Nicht-Existenten, das dennoch ist. In Summe Weisheit. Nicht die Verbindung, sondern alles zusammen. Weisheit existiert nicht. Und existiert doch. Das ist auch wahr und Teil Eurer Weisheit.

Ihr fragt. Wie etwas existieren kann, das nicht existiert? Das ist, obwohl es nicht ist? Seht, so ist genau das. Wie wolltet Ihr „Existenz" definieren, wenn es nichts gäbe, was NICHT existiert? Ich könnte Euch umgekehrt fragen, wie wolltet Ihr „Rechts" definieren, wenn es kein „Links" gibt? Außerhalb dessen, was für Euch als Menschen existiert, gibt es das, was nicht existiert und dennoch ist. Das ist kein Widerspruch. Weisheit ist Liebe, ist mehr als Existenz, ist auch Nicht-Existenz. Ihr könnt Euch dessen bewusst werden, wenn Ihr Euer Bewusstsein ausgedehnt habt. Das ist möglich. Das ist. Weil Ihr alles seid. Auch, wenn Ihr Euch als Menschen versteht. Und in der Begrenzung, im Bewusstsein der Trennung, ja sogar getrennter Existenz lebt. Ihr seid mehr als das. Und zugleich weniger. Mehr, weil Ihr euch mehr bewusst sein könnt (könntet) als Eures zu Eurer Zeit stark begrenzt angenommenen menschlichen Bewusstseins. Weniger, weil Ihr aus einer anderen Perspektive gar nicht getrennt seid, es das also nicht gibt, was Ihr annehmt zu sein.

Meine Worte verwirren Euch. Lasst Euch nicht verwirren. Weise zu werden bedeutet, sich dieser Weisheit nicht zu verschließen. Das Verschließen ist so oder so nur „außen" möglich. Im Bild dessen, was Ihr als Erdenleben bezeichnet. „Innen" könnt Ihr euch nicht verschließen. Innen liegt wahre Weisheit. Jeder und jede von Euch kennt den Zugang. Es gibt nichts, was Ihr dafür lernen müsstet.

Ihr findet Weisheit in Euch. Genau dort, wo auch die wahre Liebe ist.

Alatee.

---

## Sicher trotz Krise und Angst

*9. Oktober 2008*

Hallo. Hier ist Alatee. Schön, dass du an mich denkst. Es war schwer durchzudringen. Eure Köpfe sind voll von einem Thema, das zurzeit große Teile der Menschen auf der Erde bewegt: Weltwirtschaft und Krise. Das Thema ist ein sehr dichtes Thema. Es ist so dicht, dass ihr kaum mitbekommt. Was im „Feinstofflichen", oder besser „Nichtstofflichen", parallel vor sich geht.

Ihr fragt, wie ein Thema „dicht" sein kann? Nun. Ihr richtet Aufmerksamkeit auf dieses Thema. Ihr könnt gerne auch sagen, Ihr steckt Zeit in dieses Thema, Gedanken, Worte, Emotionen. Eigentlich könnt Ihr das nennen, wie Ihr wollt. Selbst nach irdischen Maßstäben ist klar, dass Ihr Energie in dieses Thema steckt. Sehr dichte Energie. Einem dicken Nebel gleich, in dem alles andere nur schemenhaft erkennbar ist. Wenn überhaupt. Doch alle Nebel lichten sich irgendwann…

Ich wähle den Begriff „Thema", um möglichst neutral zu bleiben. Dennoch finden sich viele Begriffe, die die Qualität der Energien konkreter beschrieben können, die ihr dafür einsetzt. Für die „Krise". Angst zum Beispiel. Blanke Existenzangst. Diese Angst ist verständlich. Nicht, weil sie einer realen Grundlage folgt. Ihr braucht nicht um Eure Existenz fürchten. Ihr seid Teil der Existenz und Existenz. Und so lange es die Existenz gibt, wird es Euch geben.

Allerdings verstehe ich „Existenz" nicht so, wie die meisten Menschen mit Ihrem Verstand. Der einmal „gelernt" hat, was Existenz bedeutet. Zum Beispiel monetäre Sicherheit, Wohlstand, gar Reichtum. Viele von Euch würden das nennen. Wenn ich sie nach Assoziationen zum Begriff der Existenz fragen würde. Mehr noch, sie würden sagen, dass sie ohne das „nicht existieren" könnten. Nein. Ich spreche von einem anderen Verständnis. Sowohl des Existenzbegriffs als auch von einem anderen Verständnis Eurer Angst.

Die Krise – ihr bezeichnet das, was passiert als Krise – wird nicht Eure Existenz verändern. Sie hat sie schon verändert. Und sie verändert sie in jeder Sekunde weiter. Euer altes System, Eure Strukturen der Polarität, der Machtspiele und Spiegelfechtereien befinden sich im Prozess der Auflösung. Ein anderes System entsteht. Es entsteht durch Euer Schöpfen, Euer Schaffen. Es wird weder „von außen" übergestülpt, noch entwickelt es sich als quasi-evolutionärer Schritt auf der Erde. Nein. Die Veränderung ist Teil der Schöpfung dessen, was in Euch Quelle und göttlich ist. Dieser Teil von Euch, der wirklich, wahr und reine Liebe ist, „verursacht" diese Veränderung. Sie ist insofern auch „systemimmanent". Allerdings nicht so, wie die meisten von Euch sie erklären würden. Wie schon gesagt.

Also, ich verstehe Eure Existenzangst, denn Eure Persönlichkeit, Euer Ego muss sich mit Veränderungen auseinander setzen, die sein bisheriges „Leben" und „Dasein" in den Grundfesten erschüttert. Alles, was Ihr bisher als Eure „Existenz" angesehen habt, steht über Nacht auf wackeligen Beinen. Alles, von dem Ihr glaubtet, Ihr bräuchtet es zum Leben, zum Glücklichsein, überhaupt zum Dasein. Euer Ego hat Angst. Das andere nicht. Das andere freut sich. Es freut sich so sehr, dass Ihr seine Freude spüren müsstet. In der Stille, die in euch ist. Wenn Euer Ego „Pause" macht.

Euer schöpferischer Wesenskern ist sicher in der Existenz. Also habt keine Angst. Alles ist gut und alles wird gut bleiben. Auch, wenn Eure menschlich irdische Persönlichkeit das noch für eine Weile anders werten mag.

Liebe ist. Bewusstsein ist und wird. Hell und klar.
Alatee.

# Ich bin der wahre Sinn des Lebens

*14. Oktober 2008*

Hallo! Hier spricht Alatee. Seid gegrüßt. Wie es scheint, möchtet Ihr noch ein paar Worte von mir hören. Über den Sinn des Lebens.

Was ist der Sinn des Lebens? Vielleicht sollte ich stattdessen fragen: Wer ist der Sinn des Lebens? Die Fragen sind beide gleich. Dass ich die Frage nach dem „Sinn" in Frage stellen könnte, darüber möchte ich heute hinwegsehen. Ihr könntet auch ohne Sinn viel Freude haben. Viel Freude sein. Da nun aber die Frage im Raum steht. Lasst uns über den Sinn des Lebens sprechen.

Lasst uns zunächst besprechen, was der Sinn des Lebens nicht ist. Der Sinn ist nicht, an Materiellem reich zu werden. Auch sonst nicht, „erfolgreich" zu sein. Es sei denn, Ihr definiert „Erfolg" und „reich" anders, als Ihr es meistens tut. Der Sinn des Lebens ist auch nicht die „Versorgung" nahe stehender Menschen. Es mag sein, dass diese Versorgung erforderlich ist. Als Teil Eures Lebens. Sie ist allerdings nicht gleich der Sinn des Lebens. Der Sinn eines Lebens, das als „erfüllt" bezeichnet werden will. – Sieh an! Welch Wortspiel, das mich reizt weiterzutreiben. „Erfüllt" hat von der Wortbedeutung her etwas mit „Fülle" zu tun. Und damit nähern wir uns dem wahren Sinn des Lebens ganz schnell ein gutes Stück.

Fülle. Im Fluss sein. Im Lebensfluss. Genauer gesagt. Nicht an Mangel glauben. Schon gar nicht aufgrund eines Mangelglaubens handeln. Im Augenblick sein. Nicht nach hinten und vorne sehen. Angstmotiviert. Stattdessen Wirklichkeit (neu) erschaffen. Liebenswert. Liebenswert sein. Im Hier und Jetzt. Überall und jederzeit. Der einzige Wert, der als Wert bezeichnet werden sollte: Liebe. Das Maß auch für den Sinn des Lebens. Ein hohes Maß. Ein tiefer Sinn. Liebe und Fülle. Fülle und Liebe. Auch eins. Nicht voneinander zu trennen. Als Sinn des Lebens.

Der Sinn des Lebens ist Ziel und Mittel. Ist damit auch Weg. Wenn alle Teil des einen Ganzen und zugleich das Ganze sind. Der Weg zum Ganzen, zum Einen und zugleich das Ganze, das Eine.

Verwirrend, nicht wahr? Nicht so verwirrend, wie es scheint.

Werdet Euch des Lebenssinns bewusst und Ihr gebt dem Leben Sinn. Ihr erschafft Leben. Auch das ist wahr. Ihr erschafft Euer Leben. Jeder für sich. Jeder für alle. Viele Leben in einem Ganzen. Das Erschaffen im Leben ist Sinn. Sinn des Lebens. Versteht Ihr? Macht es gut. Macht ihn gut. Macht Euch gut.
In Wahrheit seid IHR (selbst) der Sinn des Lebens! Alatee.

# Verwirrung über das Normale

*29. Oktober 2008*

Hallo, hier ist Alatee. Ich weiß, du bist müde, aber es ist gut, wieder einmal zu reden. Die Abstände sind groß geworden. Für dich. Für mich ist es gleich. Lasst uns noch einmal über den Wahnsinn reden.

Erst über den Wahnsinn. Wahn – sinn. Was ist das? Sinn des Lebens. Das hatten wir erst. Wahn. Wahn ist nicht gut. So assoziiert ihr. Wahn ist ver-rückt, ist daneben, ist nicht normal. Aber was ist schon normal? Norm? Eine Norm ist per se verrückt. Das ist es, was wahr ist. Norm bedeutet, etwas ist gleich, ist durchschnittlich, ist immer und überall. So. Wie es ist. Eigentlich wie es sein soll. Weil irgendwer oder viele es so festgesetzt haben. Ich könnte diese Kette fortsetzen. Ihr versteht auch so. Menschen sind verschieden. Keiner ist wie der andere. Abgesehen davon, dass ihr alles Menschen seid, seid ihr ver-schieden. Jeder anders. Keiner gleich. Was heißt also Norm? Von einer anderen Perspektive als der Menschlichen aus gesehen ist eine Norm verrückt. Ver-rückt. Ich meine damit außerhalb dessen, was wahr, wirklich wahr ist.

Lasst uns zurückkommen zum Anfang. Logisch wäre nun zu sagen, eine Norm, das Normale ist ver-rückt und damit Wahn-Sinn. Überrascht es euch, wenn ich diesen Schluss, der doch so offensichtlich scheint, nicht ziehe? Würde ich das tun, würde ich in eurer Wortbedeutung des Wahn-Sinns das Normale als „nicht gut" werten. Allerdings gibt es keine Wertung, aus meiner Perspektive der Dinge. Insofern ist auch der Wahnsinn gut. So gut und so schlecht wie alles andere auch. Insofern sind auch Eure Normen, Euer „Normales" gut. So gut und so schlecht wie alles andere. Versteht ihr? Sie sind. Wie alles andere ist. Das will völlig wertfrei so festgehalten werden. Das Sein ist es, um was es geht. Was Euer Verstand nicht verstehen, sondern zulassen kann. Wenn eure menschliche Persönlichkeit das will. Sie hat den freien Willen dies zu tun. Dafür seid ihr Menschen. Um das zu erfahren.

Was ich mit „das" meine? Das lässt sich nicht beschreiben. Mit euren Worten. Seid versichert, auch wenn ich sage „euer Verstand könne dies zulassen", so ist „das" so oder so. Mit oder ohne euren Verstand. Der Unterschied besteht lediglich darin, ob ihr euch dessen (ich könnte auch feiner sagen des „das") bewusst seid, oder nicht. Des „so oder so" und des „das".

Verwirrt euch wieder, was ich sage? Darin liegt die Schwierigkeit. Das lässt sich kaum beschreiben.
Alatee.

---

# Luft – viel mehr als Luft

*23. November 2008*

Hallo, hier ist Alatee. Ich stelle fest, dass wir nur selten zum Schreiben kommen. Du bevorzugst inzwischen manchmal den direkten Dialog ohne zu schreiben. Das ist in Ordnung. Aber vergiss das Schreiben nicht! Es ist wichtig. Für das Ganze. Genauso wichtig wie unser direkter Dialog. Der wird irgendwann kein Dialog mehr sein. Nein, anders ausgedrückt. Der wird dir irgendwann nicht mehr wie ein Dialog vorkommen. Du unterscheidest noch relativ stark zwischen dir und mir. Das ist ein illusionärer Unterschied. Er mag helfen. Dennoch vergiss bitte nie: wir sind eins und der Dialog zwischen uns ist kein wirklicher Dialog.

Du hast mich vorhin gefragt, was wir heute noch tun sollen. Was du heute noch tun sollst. So war deine Frage exakt. Schreiben! Ich habe „Schreiben" geantwortet und du hast den Rechner hochgefahren. WIR haben den Rechner hochgefahren. ICH, der ich du und du der du ich bist. Okay? Nun sitzen WIR also hier. Ich will dich beziehungsweise euch nicht mehr als nötig verwirren. Deshalb werde ich bis auf weiteres bei der von dir und euch gewählten Trennung bleiben. Zwischen „dir" und „mir".

Also. Wir sitzen hier. Habt ihr Lust etwas über die Luft zu hören?

Luft ist ein seltsames Elixier. Sie nährt euch gewissermaßen. Und reicht doch nicht zum Leben. Meint ihr. Alles reicht zum Leben. Denn Leben ist alles. Luft reicht zum Leben auf der Erde, wenn sie mit dem angefüllt ist, was ihr zum Leben braucht. Manche von euch hatten dazu schon Kontakt. Zu dem, was ich meine. Bewussten Kontakt. Andere hatten den Kontakt unbewusst. Ihr alle hattet schon irgendwie Kontakt zu den, was ich meine. Manche von euch nennen es Prana, das Lebenselixier. Doch es ist völlig unerheblich, wie ihr es nennt. Allerdings ist es wichtig, dass ihr euch früher oder später weiterentwickelt. Weg von dem Glauben daran, ihr könntet nicht von Luft leben. Ihr könntet grundsätzlich von allem leben, wovon ihr überzeugt seid, leben zu können. Das funktioniert auf einer anderen Ebene ganz hervorragend. Ihr könntet von Luft leben, die angefüllt ist mit allem, was ihr braucht. Ich meine damit nicht nur den Sauerstoff. Ich meine wirklich alles.

Eure Körper sind dabei, sich zu verändern. Ihr nennt es manchmal „Schwingungserhöhung" was mit euch, mit der Erde, mit allem passiert. Dennoch wisst ihr nicht wirklich, was „Schwingungserhöhung" bedeutet. Es lässt sich auch nicht erklären, mit menschlichen Begriffen. Mit den Begriffen eurer Sprache. Daher verwende ich den Begriff, Luft, ein sehr passendes Bild für das, was sich nicht beschreiben lässt, zumindest noch nicht.

Wichtig ist, dass ihr versteht: Ihr könnt von Luft leben. Luft ist alles um euch herum. Sei sie mit Gasen aller Art gefüllt, mit Wasserdampf, mit Staub. Ihr atmet die Luft. Luft erfüllt euch, denn sie füllt zunächst einmal eure Lungen. Von dort geht alles weiter. In euren ganzen Körper, jede Zelle eures Körpers. Versteht ihr? Die Luft trägt euch. In mehrfacher Hinsicht. Sie trägt euch und sie nährt euch. Grundsätzlich mit allem, was ihr braucht. Es wird eine Zeit kommen, zu der wird euer Glaube daran stärker geworden sein, dass das so ist, wie ich hier und jetzt sage. Vielleicht, wenn eure Wissenschaft „Beweise" gefunden hat. Vielleicht, wenn eure Medien, das als „wahr" verkünden. Vielleicht, wenn eure Eltern euch genau das lehren. Wer weiß? Unerheblich. Jetzt. Ihr werdet es irgendwann glauben. Jetzt oder später. Ihr braucht nichts weiter als Luft, um zu leben. Die Luft, die ich meine, enthält mehr als das, was ihr heute messen könnt. Mehr als Sauerstoff, andere Gase, Wasserdampf und so weiter... Luft enthält mehr als all das, so wie all das mehr enthält als das, was ihr hinter den von mir genannten Begriffen vermutet. Alles enthält mehr. Alles ist mehr.

Wenn ihr euch herauslöst aus eurer engen Bindung an dichte Materie, aus eurem Glauben daran, dann werdet ihr mehr verstehen. Für heute sei euer Interesse geweckt, euer Augenmerk darauf gerichtet.

Wird es zu viel für heute, wenn ich noch etwas anfüge? Die Konsequenz dessen, dass ihr euch von Luft und nichts weiter ernähren könnt bzw. könntet, wird ihren Ausdruck darin finden, dass ihr weniger morden, weniger zerstören müsst.

Es wird ein Beitrag zum friedlicheren Miteinander sein. Zum Miteinander allen Lebens, das sich auf, in und mit der Erde vereint. Damit soll es gut sein. Ich danke euch, dass ihr mir wieder einmal zugehört habt.

Gute Nacht, Alatee.

# Absolut gut ist frei von Vergleichen

*1. Dezember 2008*

Hallo! Hier spricht Alatee. Schön, das wir reden wollen. Ich weiß. Ich rede und ihr hört zu. Meint ihr immer noch? Im Grunde des Ganzen redet ihr. Also. Lasst uns reden. ;-)

Was ist gut und was ist richtig?

Ihr glaubt häufig zu wissen, was gut und richtig ist. Aber wisst ihr es wirklich? Dass wirklich nicht zwingend wirklich ist, von einer anderen Ebene aus betrachtet. Das habe ich bereits gesagt. Vor einiger Zeit. Dass Gutes nicht immer gut sein MUSS. Und richtig auch nur augenscheinlich richtig. Das ist. Genau so, wie ich es sage. Wie wertet ihr „gut"? Genau so, wie ihr „gesund" wertet, oder „links". Nämlich relativ zum anderen Extrem. „Gut" ist nur deshalb gut, weil es ein „Schlecht" gibt. Zumindest glaubt ihr, ihr wüsstet was „schlecht" ist, wenn ihr sagt, etwas sei „gut". Wie sonst könntet ihr das sagen? „Gesund" ist etwas, wenn ihr es von „krank" unterscheiden könnt. Genauso sagt ihr „links", wenn ihr glaubt zu wissen, was „rechts" ist. Genau so sagt ihr „richtig", wenn ihr glaubt zu wissen, was „falsch" ist. So gesehen ist eure Welt, euer Leben bestimmt von Relationen. Von relativ zueinander. Von als wirklich wahr angenommenen Gegensätzen.

Habt ihr schon einmal darüber nachgedacht, was „absolut gut", was „absolut richtig" ist? Sicher, ihr verwendet diesen Ausdruck manchmal im Alltag. Allerdings in einem anderen Zusammenhang. Meistens wollt ihr damit nur die Bedeutung eurer Wertung betonen. Nicht weniger. Aber auch nicht mehr. Das ist nicht das, was ich mit „absolut gut" meine. Mein „absolut gut" ist völlig frei von Vergleichen mit etwas, das möglicherweise „absolut schlecht" sein könnte. Absolut gut ist. Völlig wertfrei. Und, das mag euch jetzt wieder einmal paradox erscheinen. Absolut schlecht ist auch. Völlig wertfrei. Und damit sicher nicht „schlecht" in eurem Verständnis. Gut und Schlecht sind, von einem anderen Blickwinkel aus betrachtet, nicht die Gegensätze, die ihr darin seht. Weil ihr es so gelernt habt. Im Laufe dieses und vieler „vorangegangener" Menschen-Erden-Leben.

Was noch dazu passt? Genau das. Eins sein und getrennt sein. Auch das sind nur Gegensätze im aktuellen drittdimensionalen Menschsein. Aus einem anderen Blickwinkel betrachtet, von einer anderen Ebene aus, sind das keine Gegensätze. Beides ist möglich. Widerspruchsfrei.

Euer Verstand wird diesen Widerspruch irgendwann auch nicht mehr wahrnehmen. Wenn ihr ein bisschen mehr versteht als jetzt - Wir arbeiten daran. Immer wieder. Gemeinsam.

In diesem Sinne grüßt euch. Alatee.

# Das Problem des Verhaftetseins

*3. Dezember 2008*

Hallo, hier spricht Alatee. Mir scheint, du bist etwas ungehalten. Warum? Das Problem ist das gleiche wie das Problem aufgrund dessen du dieses Problem hast. Aber Du lernst langsam, selbst auf die Lösung zu kommen. Die Lösung ist: Mach dir den Zusammenhang bewusst.

Du machst dir soeben den Zusammenhang bewusst und das freut mich.

Verhafte nicht am Verhaften. Das klingt alles wieder ganz schön verrückt. Nicht wahr? Und dennoch liegt darin wieder einmal der Kern der Wahrheit. Du/Ihr seid häufig einer Sache, einem Ereignis verhaftet. Ich nenne das so. Und meine damit, dass eure Gedanken um eine bestimmte Sache und/oder ein Ereignis kreisen. Dabei ändert sich dadurch vordergründig nichts an der Sache oder dem Ereignis. Häufig liegt das Ereignis zeitlich ein bisschen zurück. Oder es steht kurz bevor. Für eine Sache, der ihr verhaftet seid, gilt Ähnliches.

Warum nun wähle ich den Begriff „verhaftet"? Weil er so schön anschaulich das „Festkleben" an etwas beschreibt. Und Festkleben, das wird euch verständlich sein, bedeutet, dass ihr Energie hineinsteckt. Ohne Energie, kein Festkleben. Physik im klassischsten aller Sinne! Also. Verhaftetsein bedeutet selbst im irdischen Erklärungswortschatz „Energieeinsatz". Verhaftetsein bedeutet auch Energieeinsatz von einer anderen Ebene der Betrachtung. Von der Ebene, die außerhalb der Dreidimensionalen und der Zeit liegt. Allerdings könnt ihr euch nicht vorstellen, welche Konsequenzen dieser Energieeinsatz haben kann. Auf dieser anderen Ebene, von der ich spreche, ändert der mit dem Verhaftetsein verbundene Energieeinsatz sehr wohl etwas!

Im „Verhaftetsein" kreisen eure Gedanken und/oder Gefühle in der Regel um etwas, von dem ihr befürchtet, es so „falsch" gemacht zu haben oder zu machen – dass das „fürchterliche" Konsequenzen haben könnte.

Lasst uns das einmal genauer hinterfragen. Zunächst: Was könnten denn wirklich „fürchterliche Konsequenzen" sein? Gibt es wirklich „fürchterliche Konsequenzen" – Wenn ihr all das berücksichtigt, was ihr inzwischen wisst bzw. gelernt haben solltet? Gebt euch die Antwort selbst. Meine Antwort lautet: Nichts kann nicht fürchterlich sein. Als nächstes: Könnt ihr etwas „falsch" machen? Ihr könnt immer „etwas" machen. Aber nichts falsch! Das ist meine Antwort auf die zweite Frage. Es steht euch frei, eine andere zu geben. Und schließlich: Was vordergründig keinen Effekt hat – ich meine damit: Eure Persönlichkeit lebt immer noch in der Illusion, dass nur physikalisch Bewegtes wirklich Bewegtes ist – hat hintergründig, von der anderen Ebene aus betrachtet, sehr wohl einen Effekt. Und was für einen! Die hinter dem

Verhaftetsein zumeist „kochende" Angst ist gleichbedeutend mit einem so großen Maß an Energieeinsatz,
dass ihr damit im wahrsten Sinn des Wortes „Berge
versetzen" könntet. Mag sein, dass ihr das wollt. Mag
aber auch sein, dass ihr genau das nicht wollt. Angst
„vor" etwas bedeutet in der Regel, dass ihr nicht
wollt, dass das eintritt, wovor ihr Angst habt. Genau
DAS wird allerdings eintreten, wenn ihr Energie dort
hineinlegt –

und das tut ihr mit Eurem Verhaftetsein! Mehr
gibt es dazu nicht zu sagen.

Alatee.

# *In der Stille liegt die Kraft*

*7. Dezember 2008*

Hallo, guten Abend, hier spricht Alatee. Lass uns über Ruhe reden.

Ihr sagt manchmal „In der Ruhe liegt die Kraft". Ihr könnt euch allerdings kaum vorstellen, wie wahr das ist, was ihr da sagt. Wenn ich „Kraft" als das definiere, was allen Dingen, allem was Form hat, allem was lebt, innewohnt. Die Kraft des Ursprünglichen ist es, die euch treibt. Antreibt könnt ihr auch sagen. Und nicht in Bewegung, sondern in Ruhe ist die Quelle dieser Kraft. Es ist ganz anders als in euren Gesetzen der Physik. Als in den Gesetzen der Physik, die ihr für wahr haltet. Danach würde aus Bewegung, einer Form von Energie, sicher eine andere Form von Energie hervorgehen können. So sagen es eure Lehrsätze. Einige eurer Lehrsätze. Ich behaupte, aus dieser (eurer) Sicht der Dinge, quasi das Gegenteil. Indem ich der „Ruhe" genau dies zuschreibe. In der Ruhe findet ihr das, was ihr wirklich zum Leben braucht. Seid ruhig, werdet still in euch. Dann versteht ihr, was ich meine. Für dieses Verständnis braucht ihr keine Jahre des Übens. Ein winziger Moment reicht, um euch die Kraft, die Energie zu zeigen, aus der ihr unbegrenzt schöpfen könnt.

Ich habe übrigens kein Problem damit, in meiner Rede von Kraft und Energie gleichermaßen zu sprechen. Ihr bzw. eure Physiker machen dabei gerne einen Unterschied. In den Formeln, die ihr für wahr haltet. Glaubt mir, diesen Unterschied gibt es in Wahrheit nicht. Die Worte, die ihr verwendet, die ich hier verwende, sind allesamt Formen von Kraft, von Energie, von dem, aus dem ihr kommt, in das ihr geht, das in euch und in allem ist, was ist. Es ist so einfach. Aber ich möchte mich nicht wiederholen.

Ihr findet den Schlüssel zu alldem in der Ruhe, die ihr auch Stille nennen könnt. Es ist nicht wesentlich. Ebenso wie bei der Kraft und der Energie. Beides, alles, eins sind/ist unbegrenzt. Darin möchte ich mich doch wiederholen. Ihr verfügt darüber. Sobald ihr wirklich darüber verfügen wollt.

Dafür ist es unerlässlich, euren Verstand zu beruhigen. Ein ruhiger Verstand führt zur Ruhe, die euch Energie verschafft. Diese Energie kommt aus dem Nichts und ist trotzdem nicht „Nichts". Sie kommt von der Quelle und ist immer Teil dieser Quelle. Zeitlich und räumlich. Das macht keinen Unterschied. Ihr macht den Unterschied. Einen Unterschied aus Nichts. Ihr seid kein Unterschied. Ihr seid reine Kraft, reine Energie, in und aus der Stille, in und aus der Ruhe. Wenn der Teil von euch, der sich selbst Verstand nennt, das versteht, dann seid ihr dem Nichts so nah wie nie zuvor in diesem Erdenleben. Zugleich seid ihr allem so nah wie nie zuvor. „In der Ruhe liegt die Kraft". Ein Satz, den viele Eurer Physiker privat verwenden. Obwohl sie ihn beruflich zumindest kritisch hinterfragen würden. Zu unscharf? Was heißt Ruhe? Welche Kraft?

Alles ist unscharf. Nichts genau definiert. Ganz anders, als ihr denkt. Dabei denkt ihr nicht falsch. Nichts ist falsch. Alles Falsche ist nichts. Ich könnte weiter reden, aber es soll für jetzt genug sein. Ich liebe euch.

Alatee.

---

# All-Ein-Sein ist nicht getrennt sein

*9. Dezember 2008*

Hallo, hier spricht Alatee! Lasst uns heute über das Alleinsein reden.

Könnt ihr alleine sein? Ihr glaubt, dass ihr das könnt, ja sogar, das ihr das manchmal sein müsst. Dabei müsst ihr nichts. Nichts. Was hat das Nichts mit dem Alleinsein zu tun? Viel. Jedenfalls mehr als „nichts". Genau genommen alles.

Allein sein bedeutet für viele von euch einsam sein. Das ist etwas ganz anderes. Einsam sein ist für euch ein Gefühl. Ein „schlechtes" Gefühl in eurem Urteil. Im Grunde drückt es aus, dass ihr euch jemanden oder etwas herbeisehnt. Mit dem ihr das, was ihr tut, wo ihr seid, oder was gerade ist, teilen könnt. Statt einsam lieber zweisam oder dreisam. So wird manchmal gesagt.

Ihr könnt euch einsam fühlen. Aber ihr seid nie allein. Oder immer allein. Das kommt ganz darauf an, wie ihr den Begriff „allein" definiert. Im Sinne des „All-einen" seid ihr wirklich allein. Ihr seid alle eins. Das versteht ihr allerdings in der Regel nicht darunter, wenn ihr von „allein" sprecht. Paradoxerweise verwendet ihr den Begriff „einsam" gerne synonym für „allein". Und fast ebenso paradox scheint es, das auch im Begriff „einsam" etwas steckt, was euch,

wenn ihr jetzt darüber nachdenkt, an das „eins-Sein"
erinnern müsste... Interessant, nicht wahr?

Also, noch einmal. Das Gefühl der Einsamkeit hat
vermutlich jeder von euch schon einmal gefühlt. Es ist
menschlich, sich einsam zu fühlen. Allerdings verbie-
tet der Begriff des „all-einen" im Grunde des Wortes
„allein", dass allein wirklich allein ist. Allein (=all-ein =
alles und alle sind eins) heißt nicht getrennt. In dem
Moment, in dem ihr euch eures All-ein-seins aus
tiefstem Herzen bewusst werdet, erkennt ihr, dass ihr
nicht alleine im Sinne des „ohne andere (Lebewesen)" seid. Allein sein in diesem Verständnis ist eine
Täuschung eurer irdischen dritten Dimension. All-
ein(s) sein ist Wahrheit.

Lebt ihr in der Wahrheit, werdet ihr das Gefühl
der Einsamkeit einzuordnen wissen. Ihr könnt frei
darüber entscheiden, ob ihr euch einsam fühlen
wollt, oder nicht. Genau so wie ihr frei darüber entscheiden könnt, euch niemals einsam zu fühlen.
Nur vergesst dabei nicht, dass ihr trotz gefühlter
Einsamkeit immer verbunden seid. Mit allen und allem. Das ist meine Botschaft.
Alatee.

---

# Vergessen formt im Augenblick

*9. Dezember 2008, etwas später als der vorangegangene Text*

(...) Wollen wir heute noch ein Thema behandeln? Ja? Gut. Das Thema „Vergessen".

Vergesst ihr manchmal etwas? Geburtstage? Termine? Anderes? Wichtiges? Oder soll ich sagen „vermeintlich Wichtiges"?

Vergessen bedeutet Schutz. Schutz vor etwas, was nicht getan werden soll. Was nicht stattfinden soll. Warum auch immer. Wenn ihr etwas vergesst, dann hat ein Teil von euch beschlossen, genau dies zu tun. Zu vergessen. Meist ist das ein unbewusster Teil eures Selbst. Wenn es ein Teil eures bewussten Selbst wäre, dann hättet ihr nicht „vergessen", sondern ihr hättet bewusst entschieden – jemanden nicht anzurufen, zu besuchen oder um was auch immer es ging... Ihr versteht schon, was ich meine.

Warum mache ich nun das Vergessen zu einem Thema? Vergessen heißt: nicht halten wollen. Ein gegebenes Versprechen. Ja, so kann man es nennen. Ein gegebenes Versprechen. Ich weiß nicht, wie eure Sprachforscher das interpretieren würden. Vielleicht würden sie über meine Interpretationen lachen. Allerdings interpretiere ich so, dass ihr daraus lernen könnt. Und dafür sind wir ja hier.

Also. Versprechen. Ihr habt ein Versprechen gegeben, das ein Teil von euch nicht halten will. Anstatt
„Versprechen" könnte ich auch „Vorsprechen" sagen.
Ihr habt in der Vergangenheit „vor" gesprochen. Für
die Zukunft etwas vorweggenommen. Möglicherweise in der guten Absicht, irgendetwas auch genau so
tun zu wollen, wie es vor-gesprochen war. Allerdings
liegt darin eine besondere Tücke eurer Dimension. Ihr
glaubt, bereits in der Gegenwart die Zukunft vorwegnehmen, „planen" zu können. Würdet ihr das nicht
glaubt, würdet ihr nichts vor-sprechen, versprechen, keine Termine vereinbaren etc.

Keine Sorge, ich möchte und kann euch das hier
nicht ausreden. Dieses gedankliche Vorwegnehmen
der Zukunft ist Teil eurer irdischen Realität. Genau
genommen ist es direkt gekoppelt an die „Zeit". Das
wisst ihr, deshalb muss ich diesen Zusammenhang
nicht genauer erläutern.

Warum habe ich eben von besonderer Tücke gesprochen? Nun. Die besondere Tücke liegt darin, dass
ihr glaubt, bestimmte Ereignisse in der (eurer) Zukunft seien unbeeinflussbar gesetzt. Ein wie auch
immer definierter Rahmen. Fest vorgegeben. Basta.
Ihr glaubt auch, dass ihr euch in diese festen Vorga-
ben einfügen müsst. Mit eurem Handeln. Basta. Genau hier liegt die Tücke, liegt der Trugschluss. Ich will
euch die Illusion einer „Zukunft" nicht nehmen. Auch
nicht die Illusion der „Planung". Allerdings solltet ihr
die Dinge grundsätzlich anders herum betrachten als
bisher.

Nichts ist fest vorgegeben. Nichts muss so kommen, wie ihr glaubt, dass es ein gegebener „Rahmen" für die nächsten Sekunden, Minuten, Stunden, Tage etc. vorgibt. IHR formt eure Zukunft in jeder Sekunde, die ihr als Gegenwart lebt. Jedoch ist das dann keine Zukunft mehr, sondern gelebte Gegenwart. In Wirklichkeit (in der Wirklichkeit, von der ich rede) gibt es keine Zeit, also auch keine Zukunft.

Wenn ihr etwas „vergesst", dann hat ein Teil von euch, der sich dessen bewusst ist, quasi im relevanten gelebten Moment entschieden, das nicht zu tun, was ein anderer Teil von euch irgendwann plante zu tun. Das hört sich vielleicht kompliziert an, ist aber ganz einfach. Noch einfacher ausgedrückt: Ein (nicht unwesentlicher) Teil von euch durchschaut die Illusion der dritten Dimension. Und formt den Augenblick – so, wie er im Augenblick geformt werden will. Das ist wahre gelebte Schöpferkraft.

„Ich hab das nur vergessen…" so denkt ihr oft. Vielleicht denkt ihr ab jetzt ein bisschen anders. Der Teil von euch, der bisher „vor"-gesprochen, versprochen, geplant hat.
    Seid gegrüßt in Liebe.
    Alatee.

---

# Geldwert, veränderbar wie alles

*16. Dezember 2008*

Hallo, hier spricht Alatee! Wie geht es euch? Es könnte besser gehen? Nunja, es ist an euch, dieses „Besser" zu erreichen. Lasst uns heute über die Bedeutung des Geldes reden.

Geld. Was ist Geld? Von außen betrachtet ein Stück Papier. Von innen betrachtet, etwas, dem ihr Wert beimesst. In der Regel größeren Wert als das Papier und die Druckerschwärze, aus dem es besteht. Wenn ich das hier so vereinfachend sagen darf. Und dennoch ist beides gleichwertig. Von einer anderen Ebene aus betrachtet. Papier ist Form. In Form gebrachte Energie. Und der „Geldwert", den ihr einem Geldschein beimesst ist auch in Form gebrachte Energie. Mentale Energie. Primär. Eure Vorstellung, eure Gedankenkraft, ja sogar kollektive Gedankenkraft hat diesen Wert erzeugt und hält ihn in eurer Wirklichkeit.

Es steht euch frei dies zu tun. Nur bedenkt, wenn ihr denkt, dass das so ist. Und nicht anders. Eure Gedanken bzw. die „anderer" Menschen, möglicherweise auch die eurer „Vorfahren" haben diese Form erzeugt. Nicht mehr. Nicht weniger. Energie aus dem Nichts in Form umgewandelt. Genau genommen ist das immer noch „nichts". Wie immer – von einem anderen Blickwinkel aus betrachtet als der, der euch geläufig ist.

Warum ich euch das erzähle? Aus mehreren Gründen. Zunächst einmal sollten euch meine Worte beruhigen. Es ist nicht so schlimm, wie ihr in der Regel denkt, wenn sich der ihm zugewiesene (vermeintliche) Wert eures Stücks Papier verändert. Besser gesagt, wenn ihr irgendwann „mehr" oder „weniger" dafür bekommt. Ihr versteht, was ich meine. Es ist deshalb nicht so schlimm, weil ihr euch genau genommen mit „nichts" beschäftigt. Wenn ihr (im für euch hier angenommen) ungünstigen „Wert"(ver)fall darüber klagt.

Ich weiß, für viele von euch ist das schlimm und ihr mögt auch schimpfen über das, was ich sage. Trotzdem bleibe ich dabei: Wenn ihr euch dessen bewusst seid, dass ihr euch über „nichts" erregt, sollte sich eure Erregung ebenso in „nichts" auflösen. Damit lebt ihr gesünder. Aber nehmt das bitte nur als Nebenbemerkung.

Es gibt einen weiteren Grund für meine Hinweise. Ihr, „andere" Menschen, Eure Vorfahren, habe ich gesagt, haben irgendwann das „Geld", Geldscheine als „wertvoll" definiert. Wie wertvoll sei dabei jetzt unerheblich. Ihr alle, die ihr eins seid, seid frei. Auch jetzt. Gerade jetzt. Immer jetzt. Diesen Wert zu verändern oder ins „nichts" zurückzuführen, aus dem er kam. Die Form aufzulösen oder zu verwandeln. Ihr seid frei und verfügt über die Möglichkeit. Das einzige, was ihr dazu tun müsst(et), ist, diese Freiheit anzunehmen und sie wirklich zu leben.

Habt ihr Angst davor, dass dann „Chaos" ausbricht? Wenn ihr diese Angst habt, dann formt ihr genau damit das Chaos. Der Prozess ist ein ähnlicher wie der, der das Geld und seinen Wert geformt hat. Denkt darüber nach! Was möchtet ihr wirklich? Wollt ihr das Chaos? Dann wird es Chaos geben. Je mehr Energie ihr ins Chaos legt, umso heftiger wird es ausfallen. Je mehr Energie ihr in die Zuversicht legt, dass es kein Chaos, sondern „nur" eine neue Form von Ordnung geben wird, umso mehr dieser Ordnung wird entstehen. Das Prinzip ist immer das gleiche.

Seid zuversichtlich, freudig und liebevoll. Dann wird alles gut im positivsten Sinne dessen, was ihr euch vorstellt.

Seid gegrüßt und geliebt. Alatee.

# Verschenkte Zeit geht nicht verloren

*18. Dezember 2008*

Seid gegrüßt, hier spricht Alatee. Ich hätte nicht gedacht, dass wir noch zu so später Stunde zum Reden kommen. Respekt! Der Tag war lang. Nun denn. Worüber wollen wir heute reden? Über geschenkte Zeit? Zeit als Geschenk?

Nicht ungewöhnlich in diesen Tagen. Ihr feiert bald Weihnachten. Das Fest der Liebe, wie viele von euch auch dazu zu sagen pflegen. Warum nicht „Zeit" verschenken? Manche von euch verschenken Zeit. Tatsächlich. An Weihnachten. Sie schenken Gutscheine für ein gemeinsames Essen, einen gemeinsamen Theaterbesuch oder ähnliches. Ihr verschenkt damit meist auch etwas Geld. Für die Karten oder so. Je nachdem. Aber ihr verschenkt auch Zeit, wenn ihr gemeinsam mit dem Beschenkten etwas unternehmen wollt. Teil ihrer Lebenszeit. Erstaunlicherweise ist das Verschenken von Zeit in diesem Fall etwas Schönes. Zumindest liegt die Absicht darin. Es soll schön sein. In erster Linie für den Beschenkten. Auch für Euch. Als Schenker.

Win-win? Das kommt darauf an. Wenn wir das „Verschenken von Zeit" hier einmal außerhalb der Weihnachtszeit und außerhalb vergleichbarer Geschenkideen betrachten, dann liegen bei euch „Verschenken" und „Verschwenden" nicht weit auseinander. Zumindest sagt ihr manchmal, ihr hättet „Zeit verschenkt" und meint damit „verschwendet". „Verschwendet" ist nicht schön. Nicht gut.

Was lernen wir daraus? „Zeit verschenken" scheint sowohl negativ als auch positiv wertbar zu sein. Und was heißt es, wenn ihr etwas negativ oder positiv werten könnt? Es scheint seiner Natur nach zunächst einmal neutral zu sein. IHR weist ihm Bedeutung, Wert, gut oder schlecht, schön oder nicht schön zu. Das ist nicht neu für euch.

Und dennoch. Das Verschenken von Zeit, gar von „Lebenszeit" enthält noch eine Komponente, die andere Dinge so direkt zumindest nicht beinhalten. Ich meine die „Zeit" als solche. Zeit ist eine besondere Eigenart der dritten Dimension. Sie existiert hier. Und existiert doch nicht. Sie ist dehnbarer, als ihr es für möglich haltet. Wenn ihr das für möglich halten würdet, dann könntet ihr sie fast nach Belieben dehnen. So gesehen, wäre dann das Verschenken niemals ein Verlust oder, wie vorhin gesagt, „nicht schön". Allerdings wäre im Zuge dieser Erkenntnis vieles andere erkannt. Eure ganze Sicht der Welt würde sich verändern. Sie verändert sich bereits.

Mit dem Verschenken von Zeit gebt ihr ein Stück dessen, was euch als Menschen identifiziert. Da ihr aber (jeder von euch) Teil des Ganzen seid, geht durch das Verschenken niemals etwas verloren. Im Gegenteil. Mit jedem Verschenken bekommt ihr zurück. Es ist so einfach. Liebe vermehrt Liebe und bleibt immer Liebe. Unendlich.

Zeit ist Ausdruck von Liebe.
Alatee.

---

# Verstand und die Triebkraft von innen

*18. Januar 2009*

Hallo, hier spricht Alatee. Du bist viel beschäftigt. Noch mehr. Immer noch mehr. Ist das gut? Du musst entscheiden, was gut ist. Für dich. Wovon du glaubst, es sei nötig zu tun. Wenn auch nicht nötig, so doch, dass es getan werden will. Würdest du es sonst tun? Was treibt dich? Was ist die Triebkraft des Menschen? Sein Wille?

Lasst uns heute darüber reden. Es passt. Jetzt.

„Des Menschen Wille ist sein Himmelreich". So sagt ihr. Manchmal. Viele von euch sagen das. Vielleicht eher die so genannte „ältere Generation". In diesem Satz steckt wieder einmal viel Wahrheit. Obwohl er häufig „einfach so" gesagt wird. Ohne, dass sich der, der diesen Satz ausspricht, dieser Wahrheit bewusst ist. Oder sie. Wie dem auch sei.

Die Wahrheit ist, Ihr macht euch euer Himmelreich. Ich schafft es mit eurer Macht. So einfach ist das. Ihr. Jeder und jede von euch. Ihr entscheidet auch, ob ihr das von euch geschaffene Himmelreich schön oder nicht schön findet. Doch das ist vergleichsweise unerheblich. IHR habt es geschaffen, wie es ist. Ihr habt auch seine Wirkung geschaffen. Empfindet ihr die Wirkung als „nicht schön", dann wolltet Ihr das. Glaubt ihr nicht? Ihr glaubt nicht, was ich eben sagte? Das steht euch frei. So, wie alles andere auch. Und dennoch. Denkt nicht, ihr seid, was euer

Denken, Euer so genannter „Verstand" produziert. Genau genommen seid ihr alles, nur das NICHT. Das ist die verdrehte Welt, die Welt auf dem Kopf in eurem Kopf. Wenn ich das hier so salopp benennen darf. Deshalb macht es auch keinen Sinn, mit dem Denken zu urteilen. Weder darüber, ob etwas schön ist. Noch darüber, ob ihr etwas „schön" oder „nicht schön" wolltet. Ihr wolltet. Das ist. Sicher. Sonst wäre nichts. Weder schön. Noch „nicht schön".

Lasst uns zum Anfang zurückkehren. Wille. Triebkraft. Ihr glaubt, euer Verstand treibt euch an. Mag sein, dass das sogar „richtig" ist. Von eurem verstandeslogischen Standpunkt aus betrachtet. Euer Kopf ist sich ganz sicher: Der Verstand treibt euch an. Möglicherweise auch ein bisschen das Gefühl. Allerdings werdet ihr dabei schon unsicher. Was ist „Gefühl"? Auch von und mit dem „Kopf" gemacht? Sicher nicht ganz ohne Kopf. Ziemlich sicher auch mit dem „Bauch". Biochemische Prozesse. So sagt eure Wissenschaft. Es sei denn, ihr habt „die Kontrolle verloren". Aha. Aber selbst dann. Ohne Kopf? Ohne Gehirn? Wer oder was hat dann die Kontrolle verloren? … Also. Es scheint nicht ohne Gehirn zu gehen. Dennoch ist es nicht euer Kopf, sind es nicht euer Verstand, nicht euer Gefühl, die euch in Wahrheit antreiben.

Die wahre Triebkraft kommt von innen. Von ganz innen. Nicht aus der Biochemie. Aus dem einen, was nur Eins sein kann und ist. Aus dem, woraus ihr alle kommt, die ihr glaubt von allem anderen getrennt zu sein und doch nicht seid. Aus dem Unerschöpflichen, was weit jenseits des Verstandes liegt. Eure Trieb-kraft ist weit mehr als alles, was ihr euch vorstellen könnt. Könntet ihr es euch „vorstellen", wobei dieser Begriff nicht wirklich passt, dann wärt ihr jenseits dessen, was ihr als Mensch sein und erleben wolltet.

Ich kann hier nicht mehr sagen. Ihr habt viel ver-standen, wenn euer Verstand die Existenz von etwas zulässt, das er in seiner Natur nicht fassen kann. Alles Weitere ergibt sich von Selbst.

Mit diesem Wort meine ich das, was ich sage. Von Selbst. Seid gegrüßt. Alatee.

# ICH BIN ist Quelle, ist Freiheit, BIN ICH

*4. Februar 2009*

Der Friede sei mit euch. Hier spricht Alatee.

Es ist lange her, dass wir richtig im Fluss waren miteinander. Warum habt ihr kein Vertrauen? Vertrauen in euch? Nur, wenn ihr Vertrauen habt in euch, habt ihr Vertrauen in mich und alles, was ist.

Du hast durchaus bemerkt, dass ich reden wollte. Immer wieder in den letzten Tagen, auch Wochen. Wolltest du nicht hören?

Freiheit ist das Thema, über das es zu reden gilt. Vielleicht warst du unfrei in den letzten Tagen und Wochen? Ja, du warst unfrei. Nein, du warst im Grunde deines Herzens völlig frei. Deine Persönlichkeit fühlte sich unfrei. Und hat dich begrenzt. In Wahrheit ward und seid ihr immer frei.

Freiheit ist etwas, das in euch ist, wie das Wasser im See. Trocknet der See aus, gibt es kein Wasser mehr. Gibt es kein Wasser mehr, trocknet der See aus. So ist es mit dir/euch und der Freiheit. Gibt es keine Freiheit mehr, gibt es euch nicht mehr. Gibt es euch nicht mehr, gibt es keine Freiheit mehr. Was ich damit sagen will ist, ihr seid Freiheit, ihr seid frei, weil es Teil eures wahren Wesens ist. Gott ist Freiheit. Ihr seid Gott. Freiheit zu leben, bedeutet, euch selbst zu leben. Lebt ihr nicht euch selbst, beschränkt ihr eure

Freiheit. Genauer, ihr beschränkt das Leben eurer Freiheit, euer Leben als Mensch. Seid ihr frei, seid ihr zugleich freudvoll, glücklich, zufrieden, im Gleichgewicht. Es lassen sich viele Ausdrücke dafür finden. Im Grunde ist alles Ausdruck desselben. Der Liebe der Quelle, die nur viele Facetten hat, viele Spiegelungen. Überall.

Lebt ihr bereits euch selbst? Dann versteht ihr, was ich meine. Versteht ihr nicht, was ich meine, dann seid darüber nicht enttäuscht. Enttäuschung ist lediglich ein Ausdruck der Illusion, nicht frei zu sein. Damit nährt ihr das illusionäre Problem. Und nähert euch nicht der wahren Lösung. Die so einfach ist. Wie ich schon häufig sagte. Wenn ihr frei seid, dann liebt ihr. Euch und alles, was ist. Wenn ihr frei seid, dann seid ihr Ausdruck gelebter Liebe. Dann trennt ihr nicht mehr. Weder zwischen euch noch zwischen euch und mir.

Freiheit zu leben bedeutet schöpferisch zu sein im Willen der Quelle, die ihr Gott nennen könnt, wenn ihr das möchtet. Ihr könnt sie auch „Ich bin" nennen. Denn „Ich bin" ist das, was sie ist und was ihr seid. Ja, ihr habt einen freien Willen. Als Mensch ebenso wie als schöpferische Kraft. Ihr seid frei, beides als eins zu leben – oder auch nicht. Ihr seid frei. In Euren Entscheidungen. Immer und überall.

Alatee.

# Weise Macht, ewige Einheit in Vielfalt

*24. Februar 2009*

Hallo, hier ist Alatee. Schön, dass du dich an mich erinnerst. Ich meine das nicht ironisch. Auch, wenn es nun schon eine Weile immer lange dauert, bis du mich (wieder) sprechen möchtest.

Mach dir deswegen so oder so keine Sorgen. Ich bin immer da. Gleich, ob du mich über diesen Weg suchst oder nicht. Ich bin in dir, wie alles „Höhere" das du bist in dir ist. Schön ist es dennoch. Du bist übervoll von Impulsen und Ideen. Manche davon sind sehr durch deine Persönlichkeit geprägt. Andere gar nicht. Beides sind Extreme in der Polarität. Sind Polarität. Gewissermaßen.

Es steht Großes an. Ganz anderes als du es kennst. Als ihr es kennt. Als Menschen. Ich kann dazu nur sagen, habt keine Angst vor dem, was kommt. Angst mindert die Wirkung dessen, was du, was ihr erreichen könnt. Ihr seid im Fluss. Du bist im Fluss. Denke nicht zu viel. Lebe! Liebe alles, was du tust und es wird gut sein. Es ist gut.

Du wirst viele neue Menschen treffen. Ich sage bewusst „neue Menschen", denn sie sind wirklich neu. So wie du auch. Ihr alle seid neu geworden und werdet es. Es gehört in eure Zeit. Dass das so ist. Genießt diese Zeit. Sie ist in der Zeit mit die beste, die jemals existiert hat. Vielleicht auch existieren wird.

Was ihr aus der Zeit macht, liegt nicht in meiner Macht zu beurteilen. Was bereits gelebt ist, barg nicht die Möglichkeiten, ein Leben zu führen, wie ihr es führen könnt. Deshalb genießt es. In vollen Zügen.

Genießt die Zeit auch, in der ihr zusammenkommt, um über diese Zeit in der Zeit zu kommunizieren. Darum geht es in den nächsten Tagen. Seid ihr selbst. Seid euer Selbst und alles wird gut sein. Freut euch, alles zu nutzen, was euer Potenzial ist. Denn dafür habt ihr es. Der Geist ist nichts ohne (s)einen Körper – auf der Erde. Die materiell ist. Fester als alles andere, was existiert. Ihr braucht eure Körper, eure Gehirne, alles, was zu euch gehört als Mensch. Ihr braucht es. Gebraucht es zu eurem Nutzen und zum Nutzen all dessen, was noch kommen wird. Aufgrund dessen, was ihr erschafft.

Erwartet nicht zu viel „Führung" „von oben". IHR seid die Führer, die Helfer, die Strategen eures Schaffens. Alles, wirklich alles ist in euch, in eurem Selbst, eurem Wesen. Ihr habt alles, ihr seid alles, um alles zu tun, was getan werden kann. Es gibt keine Einschränkung und keine „Anleitung". Nicht wirklich von einem anderen Blickwinkel aus gesehen als dem, den ihr meist habt. Unterliegt nicht dem Trugschluss, es gäbe irgendwo „da oben" eine weise Macht, die die Verantwortung für euch trägt. Genauso wenig wie ein „anderer Mensch" die Verantwortung für euch tragen kann. Die „weise Macht", der andere Mensch – das seid auch ihr!

Ich kann das nicht oft genug wiederholen, denn das ist es, was ihr hier lernen wollt. In eurem aktuellen Menschdasein. Das ist es, was ihr zum Wohl des Ganzen verstehen und vorleben wollt. Ich betone: wollt. Nicht sollt. Ihr wollt das! Die ewig seiende Einheit in der Vielfalt. Es ist so einfach. Und doch so schwer für euch zu verstehen.

Noch einmal: Habt keine Angst vor euch selbst. Das einzige, was ihr hier auf Erden wirklich tut, ist euch selbst zu finden, die ihr immer schon ward, was ihr seid. Euch zu finden hinter der Fassade, die ein Teil von euch, ich kann auch sagen „von uns", geschaffen hat. Ich bin dich und euch, so wie du und ihr ich seid. Ein illusionärer Vorhang verschleiert das. Euer Bewusstsein ändern heißt, diesen Schleier dauerhaft klar durchschauen. Euer Wesen zu erblicken in seiner Gänze und Schönheit. Losgelöst vom drittdimensionalen Blick des Menschen, der ihr jetzt eben seid. Und doch mit den Möglichkeiten eines reifen Menschen, der ihr als Mensch auch auf der Erde werden könnt. Jetzt. In der Zeit Eures Menschenlebens. Eine wundervolle Zeit, eine erfüllende Zeit, eine glückselig machende Zeit. Wenn ihr sie nutzt, wofür sie geschaffen wurde und wird.

Nicht, dass ihr glaubt, es gäbe gar keine „Helfer". So müsst ihr meine Worte von vorhin nicht verstehen. Es gibt Helfer, nennt sie Engel, Elfen, Lichtwesen, wie immer ihr sie nennen mögt. Es sind Formen von Euch als göttliche Wesen, ebensolche Formen wie ihr sie auch seid, als Mensch. Und doch andere Formen auf ihre Wesensart in ihrer Dimension des Daseins. Göttlich seid ihr alle. Sind wir alle. Auch alle gleich, trotz unterschiedlicher Form.

Ich freue mich darüber, dass ich diese Worte sagen, durch dich kommunizieren durfte. Hab keine Angst davor noch mehr davon zuzulassen. Unsere Verbindung ist sehr viel stärker als du meinst. Hab keine Angst vor Täuschungen. Ich weiß, du hast diese Angst. Sie mag ein Grund dafür sein, dass du mich in den letzten Monaten recht wenig hast sagen lassen. Auf diesem Kanal. Es gab und gibt immer noch andere. ;-) Bleiben wir bei diesem. Solltest du einer Täuschung aufsitzen, wo wäre dann das Problem? Vielleicht würde dadurch etwas erschaffen, was nicht geradlinig dem entspricht, was geschaffen werden könnte. Von einer höheren göttlichen „Sinnhaftigkeit" aus betrachtet. Das wäre aber kein Problem. Es ist kein Problem.

Du bist naturgemäß ein mit allen Freiheiten ausgestattetes Schöpferwesen. Alles kann leicht, sehr leicht korrigiert, verändert werden. Stillstand, und Angst führt zu Stillstand, ist weit weniger geradlinig als diese Schnörkel. Stillstand unterbricht göttliche Schaffenskraft. Stillstand ist nichts. Und dennoch ist auch Stillstand gerade deshalb nicht wirklich schlecht. „Nichts" ist nicht schlecht. Nur eben nichts. Nichts, aus dem Werden kann. Sein kann. In der Zeit ist nichts wirklich nichts. Und dafür ist die Zeit nicht geschaffen. Zeit ohne Schaffen ist keine Zeit ist nicht existent. Obwohl eure Uhren weiterlaufen.

Ich will euch nicht mehr sagen, nicht mehr verwirren. Möglicherweise sind die Dinge auch wieder etwas klarer geworden. Ich bin froh und glücklich mit dir, mit euch zu sein. Geh mutig weiter auf dem Weg. Bleib nicht stehen. Ergreife mutig und verantwortungsvoll, selbst verantwortlich und selbst bewusst Wort und Taten. Das ist das Wesen, der Sinn der Zweck deines Daseins. Nutze die Zeit! Freu dich des Lebens und besonders der kommenden Tage. Stimme dein Herz freudig ein, auf das, was kommt. Ich bin mit dir.

Alatee.

---

# Wahre Liebe wirkt wahre Wunder

*3. März 2009*

Hallo, hier spricht Alatee. Wie geht es dir? Als Mensch? Wie waren die letzten Tage? Du warst in der Schweiz. Ich war übrigens auch da. Das sollte dich nicht wundern.

Viele Wunder sind geschehen. Und es werden noch mehr Wunder geschehen. Wunder. Etwas, das völlig unerwartet kommt. Für dich, als Mensch. In der Schweiz und gleichzeitig an vielen anderen Orten sind viele Wunder geschehen.

Und trotzdem muss ich dir eine Frage stellen: Wie viele Wunder müssen noch geschehen, damit du, damit ihr, nicht mehr zweifelt? Euer Ego, Eure Persönlichkeit, ist sehr stark. Ich hätte das nicht geglaubt. Aber ihr lebt das so. Ich akzeptiere eure Zweifel. Ihr seid frei, zu zweifeln. Obwohl eure Zweifel illusionär sind.

Es war schön. In der Schweiz. Alle, die da waren, haben geliebt. Ihr habt euch geliebt. Und das war und ist es, was nun weiter wirkt. Auf allen Ebenen. Ich meine damit keine sexuelle Liebe. Ihr habt wahre göttliche Liebe, Göttlichkeit gelebt und erlebt. Euer Energiefeld war stark. Stärker als das eurer Persönlichkeiten. Auch, wenn diese immer mal wieder durchkamen. Euer Energiefeld ist stärker. Nun solltet ihr es stabilisieren, dieses Energiefeld.

Lasst euch nicht verwirren. Von Alltäglichem. Bleibt in Eurem Energiefeld, in eurem wahren Licht. Und alles wird laufen. Fast wie von selbst. Ich freue mich auf die kommende Zeit mit dir, mit euch!

Alatee.

---

# Ich. Du. Eins.

*15. März 2009*

Hallo, sei gegrüßt, hier spricht Alatee. Lass mich dich heute einmal ganz persönlich ansprechen, liebe Christiane. Ja, ich sage ganz bewusst „liebe Christiane". Heute bist du gemeint, wenn auch alles und alle gleiches, ähnliches erleben können. In dem Sinne, über den ich mittlerweile sehr viele Monate gesprochen habe.

Ich möchte heute mit einem kleinen Missverständnis aufräumen. Möglicherweise ist es ein Missverständnis. Ich habe dich in dieser Sache ein bisschen „im Nebel" stehen lassen. Wir haben viel gesprochen. Und ich habe die letzten Male, einige Male darauf hingewiesen, dass die Abstände zwischen unsren Gesprächen länger werden. Sehr viel länger als vor vielen Monaten. Als du mich quasi täglich gesucht hast. Meine Antworten hören wolltest. Auf Fragen, die sich dir stellten, oft ohne dass du sie bewusst gefragt hättest.

Wie dem auch sei. Bleiben wir bei dem, was ich als „kleines Missverständnis" bezeichnet habe. Die Dinge sind oft nicht, wie sie scheinen! Nicht DU hast mich seltener „aufgesucht" oder „befragt". Nein. Ich war es, der/die sich nicht mehr so oft bei dir gemeldet hat. Nicht mehr als „Alatee", quasi als zweite Person, die dir fürs Leben „Ratschläge" erteilt.

Du hast mich sprechen lassen, wenn ich sprechen wollte. ICH, der ich in Wahrheit DU bin.

Die Dinge waren und sind anders. Du bist weit gekommen bis zum heutigen Tag. Ich bin näher zu dir gerückt. In all den Monaten. So nah, dass keine „verbale" Kommunikation mehr zwischen uns stattfinden musste. Kein Aufschreiben mehr. Durch dich. Nicht mehr so oft. Und dennoch war und bin ich. Da. Und ich. Wer, was und wie wir, du und ich sind. Ich bin du und du bist ich.

Verstehst du? Du sprachst und sprichst, du denkst und fühlst immer weniger als Ego, als Persönlichkeit. Wir werden eins, das wir schon immer waren. Je mehr wir werden, was, wer und wie wir sind, umso weniger fragst du, umso weniger antworte ich. Weil du die Antwort weißt, fühlst oder bist. Selbst bist. Freu dich des Lebens! Freu dich unseres Lebens!

In Liebe und ewiger Verbundenheit. Im Eins.
Alatee.